부모님들께 전하는 불량교사의 참교육

# 학교가기 싫은 선생님

부모님들께 전하는 불량교사의 참교육

# 학교가기 싫은 선생님

제1판 1쇄 발행 | 2019년 7월 15일

지 은 이 | 심미
펴 낸 이 | 박성우
펴 낸 곳 | 청출판
주    소 | 경기도 파주시 안개초길 18-12
전    화 | 070)7783-5685
팩    스 | 031)945-7163
전자우편 | sixninenine@daum.net
등    록 | 제406-2012-000043호

ISBN | 978-89-92119-75-7 03370

부모님들께 전하는 불량교사의 참교육

심미 지음

# 학교 가기 싫은 선생님

그냥 아이들만 바라보면 안 될까요?

처음출판

××××××××

퇴근 후 저녁 식탁 앞에 앉으면 그날 학교에서 있었던 일이 화제가 되곤 한다.

"오늘 학교에서 연구학교 신청에 대한 설문지가 돌았어. 연구학교에 있을 때마다 보여주는 일회성 사업이 피곤했거든. 당연히 반대에 표시했지. 교무실에서 바로 전화가 왔어. 반대하는 사람이 나밖에 없대. 그럼 나까지 찬성에 포함시키라고 했지. 연구점수 필요한 사람들을 방해할 수는 없잖아. 그럴 거면 공산당처럼 하지 설문지는 왜 돌리는지 몰라. 이렇게 몰아갈 때마다 학교가 싫어져. 내가 이상한건가?"

"그걸 책으로 내봐."

"뭔 소리 하는 거야? 나는 지금 투덜거리는 거잖아?"

"바로 그걸 책으로 써 보라고."

"누가 이런 걸 책으로 쓰겠어?"

"그러니까 당신이 써봐."

몇 년 전에 있었던 이런 우스꽝스러운 대화가 이 글의 씨앗이 되었다.

나는 초등학교 교사다. 첫 발령지는 '국민학교'였다. 학교에서 일한 지 20년이 넘었다. 이 글은 감동과 재미를 주는 교단일기가 아니다. 나는 교육개혁을 부르짖는 혁신가가 아니다. 신문과 TV는 거의 안 본다. 내 글은 단 한 줄도 활자화 된 적이 없다. 교사치고는 가방 줄이 짧다. 교육철학은 내게 너무 고상한 말이다. 단 한 번도 부장 교사직을 제안 받은 일이 없다. 심지어 1학년을 맡아본 적도 없다. 말 그대로 나는 '교실 안 개구리'에 불과한 시답잖은 교사다. 게다가 얼마 안 있어 학교를 그만 둘 생각이다. 아무도 내게 등 떠밀며 나가라고 하지는 않는다. 오히려 학교에 유용하게 쓰여지는 적당한 경력이다.

학교가 힘들다고 생각되거나 아이들에게 더 이상 줄 것이 없다고 생각되면 그때는 내 스스로 그만두기로 다짐한 적이 있다. 학교 가기 싫다는 생각이 처음 내 안에 들어섰을 때, 낯선 느낌에 당황스러웠다. 인정하기는 싫지만 때가 된 것이다. 이 글을 읽다 보면 아이들도 아니고 왜 교사가 학교가기 싫어졌는지 알 수 있을 것이다. 나는 글을 통해 교사들에게, 학교 관리자들에게, 교육 행정가들에게, 학부모에게 이것저것 투덜거리게 될 것이다.

학교 이야기를 쓰다 보니 내가 학생이었던 때의 이야기가 저절로 딸려 왔다. 사적인 내용도 따라 나왔다. 부끄러움을 무릅쓰고 '교사'로서 뿐 아니라 한 사람의 삶을 꺼내놓는 것이다. 글 사이사이에

여운을 남겨두는 것도 잊지 않았다.

그리고

철없던 새내기 시절에 나를 거쳐 갔던 아이들과 학부모님들께 미안하다. 이 글로 다소 속죄가 되려나? 내가 툴툴거릴 때 고개를 끄덕여주었던 동료 교사들은 이 글을 읽고 속이 좀 시원해지려나?


지나간 장면 하나가 떠오른다. 그 해는 아침마다 모여 학년 협의 시간을 가졌다. 학년 부장 선생님의 심기가 변화무쌍하여 다들 부장 눈치를 보며 살아야 했다. 교육 경력 30년이 넘은 대선배님들도 그 변덕에 절절 맸다. 그날은 그녀가 저기압이었나 보다.

부장 선생님 : 앞으로 회의 시간에 늦지 마세요!

나 : 우리 학년은 부장 선생님만 안 늦으면 되는데요?

부장 선생님 : ….

그날 오후에 후배들이 찾아왔다.

"선생님, 아침에는 정말 통쾌했어요. 얹힌 것이 싹 내려가는 느낌이었어요."

"뭐가요?"

"부장 선생님이 땍땍거릴 때 선생님이 되받아쳤잖아요?"

"아~ 나는 아무 생각 없이 나온 말인데요? 맞는 말이잖아요?"

그 부장 선생님은 '옷 자랑 하려고 학교에 오나?'싶을 정도로 매일 화려하게 등장해서 다른 사람 옷을 평가하거나 타박하는 것이 일이었다. 예쁜 옷이 걸리적거려 궂은일은 동료들 몫으로 내주었다. 그나마 교육계에 공헌한 일이 있다. 명예퇴직을 한 것이다.

그렇다. 내가 아무 생각 없이 한말이 누군가에게 의미가 된 적이 있다. 그런데 지금은 생각하고 하는 말이므로 들어 줄 의미가 더 있지 않을까? 나는 '아이들을 다룬다.'라고 생각했던 사람이다. 지금은 '아이들을 대한다.'라고 생각한다. 고작 생각 하나를 바꾸는데 몇 년이 걸렸다. 하지만 인간관이 바뀌니 아이들과 함께하는 삶의 태도가 달라졌다. 학교가 바뀌는 것은 개인의 변화보다 훨씬 더 어렵다. 그러나 바꾸어야 하고 바뀌져야 한다. 교사가 달라지고, 관리자가 달라지고, 교육행정가가 달라지고, 학부모가 달라지면 된다.

# 학교가기 싫다

×××××××

등교시간이 지나도록 비어있는 자리가 있다. 아이의 집으로 전화를 걸었다.

"선생님, 아이가 학교에 안 가려고 해서 지금 달래고 있어요."

"왜요? 선생님이 싫대요?"

나는 결근 없는 교사다. 조퇴조차 거의 없다. 출근은 일찍 하고 퇴근 시간은 넘기기 십상이니 누가 보면 학교에 목매고 사는 줄 알 것이다. 내가 원해서 이 직업을 갖게 된 것은 아니다. 몸에 맞지 않은 옷을 입은 것처럼 늘 불편하다. 나는 만들어진 교사다. 처음에는 아주 형편없는 교육대학 제조물이었다. 어느 정도 다듬어지는 과정을 거치면서 교사가 되어갔다. 그제야 나를 교대에 진학하게 했던 사람에게 고마움을 느끼게 되었다. 여성으로서 한 직업을 오래 유지한다는 것이 얼마나 어려운지 다른 사람들의 직업을 보면서 알고 난 후다. 허점이 있다면 만들어진 교사는 시험대 위에 올려 질 때마다 이리저리 갈팡질팡 한다는 것이다. 배부른 소리 한다고 할까봐 그동안 힘든 내색도 못하고 살았다.

학교가기 싫다던 학생을 길에 나가서 맞이했다. 손을 잡고 교실까지 왔다. 학교가기 싫은 이유에 선생님은 들어 있지 않았다. 안도하긴 했지만 '나도 너처럼 학교가기 싫어.'라는 말은 하지 않았다. 그 마음을 들키지 않도록 감추어야 할 날이 얼마 남지 않았다. 학교가기 싫은 아이들과 교사들이 줄어들었으면 좋겠다. 교사가 스스로 떠나려고 하는 학교에서 아이들이라고 잘 자랄 수 있을까?

# 온갖 글짓기가 쌓여 만들어진 곳

××××××××

쓰는 것은 내 본능에 가깝다. 나는 말보다는 글이 편하다. 전화와 이메일이 없던 시절에 우체통에 넣었던 손 편지가 300통 가까이 될 것이다. 학교에서도 학부모님께 전화보다는 편지나 문자메시지를 애용한다.

초등학교 때 지역신문 한구석에 내 이름이 실린 적이 있었다. 선생님께서 시를 써 오라고 해서 써 갔을 뿐이다. 중학교에 입학하여 맨 처음 치른 국어 시험지 마지막 문제는 글쓰기였다. 다음 날, 국어 선생님께 불려갔다. 그 후로 3년 동안 백일장 공문이 올 때마다 글을 써 오라는 과제가 주어졌다. 글쓰기에서 글짓기로 넘어간 고역스런 때였다. 그 대가로 가끔 있는 운동장조회 때 전교생 앞에서 상을 받아야 했다. 졸업앨범에 들어가는 사진 설명과 후기도 내가 썼다. 중학교를 졸업하고 보여주는 글짓기에서 벗어났다. 일기쓰기는 계속했다. 그것은 아무도 안 보는 글이기에.

다른 사람을 의식할 필요가 없어서 막힘없이 쓸 수 있었던 그 일기가 버려진 적이 있었다. 남자친구가 내 방 책꽂이에 가득 들어 있는 노트들을 꺼내 본 것이다.

"어떻게 남의 일기를 훔쳐 볼 수가 있어?"

"이런 것은 결혼 전에 알아서 정리하는 것이 예의 아니야?"

"나한테는 소중한 기록이야!"

"유치하기만 하더라."

그 비웃음에 다리가 풀려 버렸다. 그가 일기장을 쓸어 담아 한밤의 양화대교 위에 차를 세우고 한강에다 쏟아 버리는 것을 막지 못했다. 그 남자는 희미하게 잊혀 졌지만 강물에 버려져 물살에 쓸려 갔던 〈유치했던 나〉는 돌아오지 않았다. 더 이상 일기조차 쓸 수 없게 되었다.

인터넷 시대가 열려 학급 홈페이지가 많이 활용되던 때가 있었다. 수업이 끝나면 매일 '교실 이야기'를 올렸다. 아이들의 일상을 글에 담는 시간이 기다려졌다. 글을 올리고 나서 학교 업무를 하다 보니 퇴근 시간은 저만치 물러날 수밖에 없었다. 학부모 독자들의 반응이 뜨거웠다. 묶어서 책을 내라는 댓글도 올라왔다. 스마트폰 등장 이후 사라진 풍경이 되었지만 그 연재기간 동안은 바쁘고 재미있었다. 다시 하라면 못할 것이다. 그로 인해 내 일기쓰기도 다시 회복되었다. 연말이면 그 해에 썼던 일기를 죽 읽어보는 것으로 한 해를 마무리 하곤 한다. 나만 보는 글이기에 어떤 책보다도 재미있다. (유치할수록 재미있나 보다.)

우리 반은 매주 한 번씩 일기장 내는 날이 있다. 쓰고 안 쓰고는 자유이다. 쓰는 것 자체를 싫어하는 아이들이 많지만 한 해도 빠짐 없이 해왔다. 글 속에서만 만날 수 있는 아이들의 모습을 포기할 수 없기 때문이다. 일기장 속에는 아이들의 숨은 정보가 들어 있다. 아이가 키우는 강아지 이름도 알 수 있다. 아무리 바빠도 댓글은 빠뜨리지 않는다. 아이들도 내 댓글에서만 만날 수 있는 자신만의 선생님을 좋아한다. 사적인 수다를 나눌 때 아이들은 눈을 동그랗게 뜨며 이런 반응을 자주 보인다.

"선생님이 그걸 어떻게 아세요?"

'네가 그렇게 물으면 어떻게 하니? 네 일기장에 써 놓았잖아?'

학부모 상담 때 들은 얘기다.

"아이 일기장을 몰래 볼 때가 있어요. 댓글이 재미있어서요. 어느 때는 일기보다 선생님 댓글이 더 길 때가 있어요."

학교에서 하는 글쓰기 대회는 늘 괴롭다. 내 역할이 심사자로 바뀌었는데도 그렇다. 결국 나의 선택은 잘 쓴 글이 아니라 쉽게 읽히는 글에 쏠린다. 그러다 보니 상을 받고도 어리둥절해 하는 학생이 있다. 내가 뽑은 작품이 학교에서는 장려상이었지만 교외 대회에서 대상을 받은 적이 있었다. 그쪽 심사자 중에 나와 기준이 비슷한 사람이 있었던 모양이다. 글쓰기 대회에 나가는 학교 대표가 우리 반에서 뽑힐 경우 나는 지도 교사가 될 수밖에 없다. 나는 학생이 받아오는 상의 종류에 관심 없다. 나처럼 부담스런 과제를 떠안았던 기억을 똑같이 주기는 싫다. 글쓰기 대회가 없어졌으면 좋겠다. 하고 싶은 학생만 하던가.

　짐작했듯이 나는 글짓기에는 소질이 없다. 학교는 온갖 글짓기가 쌓여 만들어진 곳이다. 공문은 기본이며 계획서, 실적 보고서, 공적조사서, 생활기록부, 회의록 등을 작성해야 한다. 나 같은 사람은 견본이 주어지지 않으면 해 낼 수가 없다. 형식이 생명이고 뚜렷한 교육효과를 증명해 내야 하는 글짓기는 내게 알레르기를 일으킨다. 내 보고서는 엉성하여 읽는 사람의 주의를 끈 적이 없다. 필요한 것은 완벽한 서류일 뿐이다. 눈에 보이지 않는 노력은 멍청한 사람이나 하는 것이다. 학교는 서류 더미에 깔릴 것이다. 실적을 입증하는 완벽한 서류가 산더미처럼 쌓여갈수록 학교의 기능은 그만큼 새어 나갈 것이다.

# 기대감을 버리지 못하는 상장

×××××××

고등학교 때 까지는 전교생 앞에서 곧잘 상을 받더니 교사로서는 받은 상이 없다. 글짓기를 못하니 대회나 상하고는 아무 인연이 없다. 교육장 표창장은 2개 있다. 그것은 내가 뭘 잘해서 받은 상이 아니라 인사기록 카드가 비어 있으니 민망함을 채우라고 그냥 주는 상이다.

하루는 교무부장 선생님이

"선생님이 이번에 교육장 표창 받게 되었어."

"왜요? 안 받을래요!"

"뭐? 주겠다는 상을 왜 안 받겠다고 하는데?"

"상이 필요 없거든요. 공적서 쓰는 것도 싫어요."

교무부장 선생님의 표정이 더 일그러지는 것으로 봐서 적당한 대답이 아니었나 보다. 보다 못한 선배가 나섰다.

"그냥 받아. 동기들도 다 있는 상이 자기 인사기록 카드에 비어 있으면 앞으로도 계속 차례가 올 수 밖에 없잖아."

내가 싫어하는 글짓기로 자화자찬하여 상을 추천하는 서류를 만들어서 냈다. 물론 그 선배가 몇 개의 견본을 제공해 주었다. 스승의 날 기념식으로 전교생이 모여 있는 운동장에서 그 상을 받았다. 후에 들었다. 우리 반 학생들은 자신들의 담임 선생님이 훌륭해서 상을 받는 것으로 알고 순간 어깨를 펴게 되었다고.

요즘에는 직원회의 때 상장 전달식을 하니 민망함이 덜해졌다. 두 번째 상도 똑같은 이유로 받았다. 몹시 툴툴거리며 서류를 작성했다. 앞으로는 상 받을 일은 없을 것이다.

딸아이가 유치원 다닐 때 그림그리기 대회에서 상을 받았다. 아이의 조부모님께서 작품을 액자에 넣어 걸어두시며 나에게 시상식에 가라고 하셨다.

"제가 올해 학교에서 우리 학년 학생들에게 주기 위해 인쇄한 상장이 500장이 넘습니다. 대회가 무슨 대수라고 시상식까지 갑니까?"


나는 대회가 싫다. 심사하는 것이 싫다. 상이 싫다. 아이들에게 상장을 나누어 줄 때마다 상 받은 학생은 기대에 못 미친 등급에 실망하고, 아예 못 받은 학생들은 못 받아서 상처 입는다. 실망하는 눈길에 내 마음도 다친다. 상은 받는 학생만 계속 받게 되어 있다. 학교는 모든 학생을 대상으로 하는 대회가 많다. 그럼에도 상은 각 반에 몇 명으로 정해져 있다. '어차피 나는 상도 못 받을 텐데 뭐.'하

는 무성의한 태도로 참여하는 학생일지라도 일말의 기대감을 버리
지는 못한다. 상은 받아도 해가 되며 못 받아도 해가 된다. '교육효
과'라는 말 아래서 수많은 대회가 벌어진다. 경쟁 없이 모든 작품을
전시하면 교육적 효과가 확 떨어지는 것일까? 상을 줄 것이면 상
의 개수를 제한하지 말고 일정한 기준을 통과하면 모두가 상을 받
도록 하던지.

# 말 들어주기

×××××××

끝 종이 울리면 아이들은 놀지만 나는 쉬는 시간이 없다. 늘 바쁠 수밖에 없는 교실에서는 이런 틈새에 잽싸게 해야 할 일들이 있다. 그런데 이 틈을 밀고 들어와 말을 걸어오는 아이들이 꼭 있다. 학년이 어릴수록 교사 책상 옆에 오는 아이들이 많아진다. 나는 다음 수업 준비를 하다말고 말을 걸어오는 아이를 바라본다. 급한 업무를 하다가도 멈추고 아이를 바라본다. 중요한 얘기는 없다. 이미 말해 준 내용을 확인하느라 나에게 묻기도 한다. 자신의 잘못은 쏙 빼고 누군가를 일러바친다. 강아지 얘기나 가족 얘기를 꺼내기도 한다. 나는 끝까지 들어준다. 아이가 돌아가고 나면 나는 무엇을 하다 멈추었는지를 떠올린다. 칠판에 글씨를 쓰던 중이었으면 다시 분필을 찾아 이어서 쓴다. 덮어 두었던 수첩을 펴거나 컴퓨터 작업창을 다시 올린다.

왜 아이들은 쉬는 시간에 그냥 놀 일이지 바쁜 선생님한테 와서 일을 자꾸 멈추게 하는 걸까? 나는 급해서 눈이 핑핑 돌아가는데 아이들은 내 곁에 와서 한가하게 수다를 떨고 있다. 두 마리 토끼를 놓치지 않으려다 머리가 어지러울 정도다. 나는 아이들이 뭔가를 하고 있으면 방해되지 않게 조용히 비켜가곤 한다. 반면에 내게 왔다가 나의 바쁜 일정을 배려해서 그냥 돌아가는 아이는 본 적이 없다. 불쑥불쑥 치고 들어오는 아이들이 있어 나는 항상 멈추고 아이를 바라본다. 지금은 바쁘니까 나중에 오라는 말은 한 번도 한 적이 없다. 아이가 다가올 때는 바라보고, 듣는다. 모든 아이들이 집으로 돌아간 이후에야 멈춤 없이 내 일을 맘껏 할 수 있다. 멈추고, 바라보고, 듣는다는 것은 참 힘든 일이다. 그럼에도 그렇게 해야만 한다고 생각한다. 누구에게나 들어줄 사람이 필요하다. 중요한 얘기든 사소한 얘기든.

# 지각 환대

✕✕✕✕✕✕✕✕

3월 2일 첫날에 지각한 아이는 지각대장일 확률이 높다. 희준이의 작년 별명은 '대학생'이었다고 한다. 학교를 아무 때나 와서 4학년 담임 선생님이 붙여주었다 한다. 9시쯤 등교하면 참 고마운 일이고 1교시 끝난 후, 아님 2교시 끝날 때 쯤 등장하기도 했다. 운동장에서 체육하다가 학교 오는 희준이를 맞이하기도 했다. 내가 전화하면 그것이 모닝콜이었다. 어느 때는 가족들 모두 전화를 안 받았다. 자는 중이었다. 부모님께서 가게를 운영하느라 귀가 시간이 늦었다.

지각도 중독일까? 지각하는 아이들은 정해져있다. 집이 가까운데도 지각한다. 타이르고 위협하고 반성문을 쓰게 해도 지각습관은 고쳐지지 않는다. 한 사람이라도 빠지면 모둠 활동을 할 수가 없는데도 늦게 와서 욕먹는다.

현장학습 전날이면 이런 위협을 한다.

"늦으면, 버리고 갑니다!"

그래도 늦는다. 이백 명에 가까운 학생들이 한 명을 기다리느라 출발을 못한다.

만성적인 이 지각은 왜 생기는 것일까? 시간개념 없는 탓으로 돌리고 푸념을 하다가 어느 날부터 지각생들을 더 반갑게 맞아 주었다. '늦게나마 학교에 오는 게 어디야?'하면서. 행여 일찍 온 날은 격한 환대를 해 주었다. 지각을 학교생활에 대한 부적응으로 바라보게 된 것이다. 그러자 이상한 일이 생겼다. 지각하는 아이들이 줄어들었다.

# 지렁이가 말한 진리

×××××××

"선생님, 독서록 써야 해요? 검사할 거예요?"

"독서록? 그런 거 쓸 시간 있으면 책을 더 읽으렴."

1교시 수업 시작하기 전에 우리 반 교실은 '책 속으로 퐁당'이다. 가끔 눈을 들어 살펴보면 대부분 책에 코를 박고 있다. 매번 나랑 눈이 마주치는 아이도 있다. 아이들은 책 읽기를 좋아하거나 싫어 한다. 나는 독서지도라는 것을 해 본 적이 없다. 그냥 읽게 한다. 나도 읽는다. 가끔 소리 내어 읽어 준다. 그것이 다이다.

나에 대한 부모님의 바람중의 하나가 '책을 읽지 않는 것'이었다. 7살 무렵 어느 날, 언니의 국어책이 내 눈에 들어왔다. 내게 책이란 그림과 알 수 없는 기호의 조합이었을 뿐인데 그날은 아니었다. 이유는 모르겠는데 내가 글자를 알게 된 것이다. 가장 먼저 읽은 책이 《미운 오리새끼》였다. 그 다음은 《백설 공주》였다. 학교에 입학하니 선생님께서 40권짜리 그림책 한 세트를 교실에 두시며 마음껏 빌려가도 된다고 하셨다. 처음 집어 든 것이 《흥부와 놀부》였다.

나의 문자 중독증이 시작되는 시기였다. 집에 있는 책은 고작해야 언니 오빠들 교과서 밖에 없었다. 그중 국어책은 고등학교 과정까지 죄다 읽어 버린 후였다. 교실 안에 있는 책을 삽시간에 다 읽고 나니 읽을 책이 없었다. 한 글자 한 글자 아껴 읽어도 금방 마지막 장이 나타났다. 책장을 덮으면 책 내용보다 더 긴 뒷이야기를 상상하는 것으로 갈증을 채웠다. 책 찾는 하이에나가 되어 두리번거렸다. 이웃집들을 다니며 책장을 훑었다. 마을에 초등학교 선생님이 한 분 계셨는데 유일하게 거대한 책장을 갖고 계셨다. 후에 들었다. 그분이 나를 몹시 싫어했다고. 그 집 아이들 읽히려고 책을 구비해 놓았는데 아이들은 거들떠도 안 보는 책을 엉뚱한 동네 아이가 와서 섭렵하고 있었다. 초등학교 4학년 때, 아버지께서 내가 읽고 있던 책을 빼앗으셨다.

"이건 고등학교 가서야 읽어야 될 책을!"

헤르만 헤세의 《지와 사랑》이었다. 책에도 연령제한이 있다는 것을 알았다. 그래서 몰래 읽었다. 혼자서 집 지키며 툇마루 끄트머리에 누워 책을 읽고 있는데 마침 작은언니가 왔다. 가까이 다가와도 내가 인기척을 못 느끼자 장난기가 발동한 언니가

"악!" 하고 소리를 질렀다.

놀라서 뒤집어진 내 몸은 댓돌로 떨어졌다가 굴러서 마당까지 갔다. 그 마루는 걸터앉으면 발이 대롱거리는 꽤 높은 곳에 있었다. 작은언니 얼굴이 하얗게 질렸을 것이다. 두 번 다시 나를 놀래 킨 적

이 없었으니까. 책을 열기 시작하면 아무것도 입에 대지 않았다. 잠도 안 잤다. 엄마가 밥 먹으라고 10번을 불러도 들리지가 않았다. 일요일 아침에 책을 펼치면 저녁 어스름에 엄마가 들어와 전등불을 켜 주고 나가셨다. 어두워진 줄도 몰랐다. 책장을 다 덮어야 세상으로 돌아왔다. 그리고 머리를 감싸 쥐고 웅크렸다. 심한 두통이 시작되는 것이다. 안 먹어서 말라 비틀어지고 앓아눕는 것이 일이었던 막내딸이 책에 정신을 빼앗기고 난 후부터 부모님은 책을 못마땅해 하셨다.

도둑 책 읽기를 해야 하는 집보다 학교는 사정이 훨씬 나았다. 심지어 6학년 선생님께서는 매달 독서왕을 뽑아서 선물로 책을 주겠다고 하셨다. 첫 달에 선생님께서 간단한 편지를 적어 선물로 주셨던 책은 《사랑의 교실》이었다. 독서왕 행사는 그것으로 끝났다. 경쟁상대가 없었기 때문이다. 대신 선생님은 나의 책 읽기를 관대하게 받아주셨다. 쉬는 시간, 점심시간, 수업시간을 가리지 않고 읽었다. 칠판 가득한 선생님의 필기를 공책에 옮겨 쓰면 손은 자동으로 읽다가 펼쳐 둔 책으로 갔다. 재빨리 시험지를 풀고 나면 책을 폈다.

또한 학교에는 신세계가 있었다. 교무실 한편에 책이 잔뜩 꽂혀 있는 책장이 있었다. 도서실 역할을 했나 보다. 책꽂이 한 줄씩 한 줄씩 읽어 나갔다. 퇴근 시간이 되어 선생님들의 움직임이 부산해지면 나도 그때 일어났다. 그곳에 학생은 항상 나 혼자였다.

초등학교 졸업식이 끝나고 담임 선생님께서 내 손을 잡고 말씀

하셨다.

"미야, 너는 책만 안 읽으면 돼!"

중학교 때는 '도 학력고사'라는 시험이 있었다. 도내 모든 중학교가 한꺼번에 치렀으니 우리 학교 선생님들께서 문제를 출제하는 것이 아니었다. 교과서 밖에서 출제되는 문제도 있었다. 학생들은 참담한 성적표를 받았다. 공부하고는 거리가 멀었던 내 전교 등수는 이때 확 치솟았다.

고등학교 때, 작은오빠가 세계명작전집을 월부로 들여놓았다. 케이스가 따로 있는 양장본 완역판으로 한 눈에 봐도 매우 비싼 책이었다. 펄펄 뛰는 아버지 앞에서 오빠는

"막내 동생이 본전을 뽑고도 남을 겁니다."

먹고 살기도 힘들었던 시절에 왜 그런 일이 생겼는지 모르겠다. 새 책이 방을 가득 채우니 이상한 일이 일어났다. 나를 정신 못 차리게 했던 게걸스런 문자중독증이 멈춘 것이다. 그 자리에 낯선 부담감이 스며들었다. 읽어야만 하는 책이 생긴 것이다. 언제든지 내가 손을 내밀기만 기다리고 있는 책에 허겁지겁 덤벼야 할 이유가 없었다. 더군다나 '본전'을 위해서는 부모님 앞에서 떳떳하게 읽어도 되었다. 멍석이 깔리니 의욕이 싹 사라지는 괴이한 일이었다.

대학교에 가니 그곳에는 도서관이라는 것이 있었다. 아침에 도서관에 들러 연작 소설책 몇 권을 대출받아 강의가 비는 시간에 읽었다. 반납하기 위해 다시 도서관에 갔다.

"벌써 다 읽은 거야?"

"네."

"오늘 대출하고 오늘 반납하는 학생은 처음 본다."

임용고시를 앞두자 큰오빠는 내게 딴 짓하지 말고 시험공부만 하라고 했다. 할 수 없이 교육학문제집 안에 《손자병법》을 넣고 읽었다. 15권으로 된 시리즈라 중간에 뜸을 들이면 앞에 나왔던 등장인물의 이름을 잊어버렸다. 그러니 멈추면 안 되었다.


학부모님들은 이런저런 걱정이 많다.

학부모 : 우리 아이는 집중을 잘 못해요.

나 : 책을 읽으면 됩니다.

학부모 : 성적이 안 올라가요.

나 : 책을 읽으면 됩니다.

학부모 : 우리 아이는 눈치가 없어요.

나 : 책을 읽으면 됩니다.

학부모 : 우리 아이는 쓰는 것을 싫어해요.

나 : 책을 읽으면 됩니다.

학부모 : ….

나 : 책을 많이 읽으면 됩니다.

학부모 : (마음속으로) 누가 모르나? 책을 잔뜩 사줘도 안 읽는걸.

솔깃한 처방을 기대하고 왔던 분들은 마뜩잖은 표정을 짓는다.

그런 부모님 중에 책 읽는 분을 본 적이 없다. 세상에 시켜서 되는 일은 아무것도 없다. 책 읽기가 특히 그렇다. 책에 맛을 들인 아이는 못 읽게 해도 읽는다.

"선생님, 지금 도서관에 다녀와도 돼요?"

"응, 가는 김에 내 책도 반납해줄래?"

다 읽은 책을 내게 가져오는 아이도 있다.

"선생님, 이 책 재미있어요. 선생님도 읽어 보세요."

나는 아이들이 읽고 있는 책을 보다가

"오, 이 책 궁금했는데. 다 읽고 나면 나도 빌려보자."

생각해보니 기특하게도 나 역시 독서지도라는 것을 해 본 적이 있다. '독서미션'이었다. 뽑은 종이에 쓰여 있는 주제에 맞게 책을 찾아 읽는 것이다. 물론 상품이 따른다. 그 단계를 성공하면 조금 어려운 다음 단계가 기다린다. 여기에 맞는 상품이 또 따로 있다. 나름 머리를 많이 굴려서 45가지의 독서주제를 생각해 냈다. 수업이 끝나면 아이들은 미션쪽지를 들고 나에게 왔다. 인증 확인을 받으면 상품을 받고 새로운 쪽지를 뽑아갔다. 찾아 읽은 책에 대해 이야기를 하려면 아이들 한 명 한 명과 얼굴을 맞대야 한다. 아이가 내용을 들려주면 나는 궁금한 것을 물었다. 아이들에게 책을 많이 읽히려고 시작한 일이었다. 몇 달이 지나니 독서를 떠나 아이의 얼굴을 가까이에서 보는 그 자체가 좋아졌다. 교실에서 교사와 학생이 얼굴을 맞대고 매일 이야기를 나눈다는 것은 상상할 수 없는 일이다. 어찌 보면 당연한 일인데도 그런 사치를 처음으로 누린 것이다. 그래서 독서미션으로 아이들을 만났던 시간이 더 소중하게 느껴진다. 아이들의 독서량이 엄청 늘어난 것도 빠뜨릴 수 없다. (문제는 다시 하라면 못하겠다.)

그림책을 읽어 줄 때, 삽화는 미리 사진을 찍어 두었다가 TV 화면으로 보여준다. 고학년마저 그림책 읽어 주는 것을 참 좋아한다.

책 읽기가 고리타분한 일이 되어 버린 요즘 아이들 속에서도 책벌레는 해마다 나타난다. 그들은 어려서 지독한 책벌레였다던 선생님에게 깊은 애정을 보여준다. 동질감을 느껴서일까? 우리 반은 수업시간에도 책을 읽을 수 있다. 미술처럼 개인 활동을 하게 되는 경우 작품을 완성하고 시간이 남으면 책을 꺼내게 한다.

"선생님, 요셉이가 울어요!"

느닷없는 소리에 요셉이가 앉아 있는 쪽을 보았다. 정말로 꺼이꺼이 울고 있었다. 조용한 수업시간에 서럽게 울고 있는 5학년 남학생이라니? 아이들의 얼굴에도 물음표가 떠올랐다.

"요셉아 왜 울어? 무슨 일 있니?"

"아니에요. 흑흑, 제제가 너무 불쌍해서요."

나는 요셉이가 읽고 있던 책을 보았다. 《나의 라임 오렌지나무》였다.

"맞아. 그 부분이 제일 슬프더라. 제제가 참 안 됐지?"

나는 요셉이의 등을 쓸어 주었다.

내가 만났던 책벌레 중에서도 최강 벌레는 지용이다. 5학년 지용이는 못 말리는 아이였다. 수업시간이면 까불까불 말장난하면서 몸을 잠시도 가만히 두지 않았다. 내 눈을 빗겨가는 사각지대에서 온갖 악동 짓은 앞장서서 하고 다녔다. 점심시간에는 운동장을 접수한 채 축구공을 차며 날아다녔다. 쟁쟁한 컴퓨터게임 실력을 발휘하며 친구들과 PC방에 몰려다녔다. 드럼을 칠 때는 얼마나 진지하던지. 성적은? 1등이었다. 책을 읽고 있으면 주변에서 무슨 소란을 벌여도 고개 한번 들지 않았다. 이름을 불러도 못 들었다. 모둠 활동을 하고 있을 때였다.

"선생님, 지용이가 너무 떠들어서 못하겠어요."

"그럼, 지용이에게 책 한 권 갖다 주지 않을래?"

그 지용이가 싱긋 웃으며 내게 한 말이 있다.

"세상에서 책보다 더 재미있는 것을 만나본 적이 없어요."

내게는 지용이가 진리다. 그 말을 들은 이후 더욱 확신하게 되었다. 〈교육〉이라는 거창한 명목은 다 빼버리고 아이들은 책만 읽어도 된다는 것을. 나도 바로 그 증거물 중의 하나라는 것을 보여주기 위해 까마득한 어린 시절까지 거슬러 올라 간 것이 아닌가.

우리 집에는 책장이 없다. 책꽂이도 없다. 나는 책을 소유하지 않는다.

수업시간에 열심히 설명하고 있는데 책상 밑에 책을 숨겨 놓고 만화 삼매경에 빠져 있는 아이가 딱 걸렸다. 득달같이 소리 지른다.

"너 만화책 안 치워!"

그래서 초등학교 6학년 선생님께 두고두고 고마움을 느낀다.

# 공개수업 악몽

×××××××

　내가 꾸는 악몽 중에 '공개수업'이 있다. 꿈의 전개는 비슷하다. 갑자기 공개수업을 하라 한다. 수업 준비는 전혀 되어 있지 않다. 아이들은 나를 안 보고 저희들끼리 떠들고 있다. 혼자 진땀을 빼면서 애를 쓰다가 잠에서 깬다.

　나처럼 공개수업에 공포심을 갖고 있는 열등한 교사를 위해 친절한 교육지원청은 수업개선을 위해 많은 노력을 한다. 그중의 하나로 우수 수업 동영상을 제공한다. 동영상에서 봤던 얼굴이 수업 컨설팅 멘토가 되기도 한다. 그 얼굴은 나중에 교감 선생님이 되어 나타난다.

　공개수업만으로 내 수업을 평가한다면 나는 퇴출 교사에 해당할 것이다. 교감, 교장 선생님과 동 학년 선생님들이 참관하는 공개수업이 나의 아킬레스건이다. 낯가림이 심한 나는 약간의 쇼를 해야 하는 상황을 견디기 어려워한다. 교과서를 성경처럼 받들지도 않으면서 지도서는 무겁다며 펼쳐본 적도 없는 불량 교사다. 교육도 유행처럼 흘러서 잘하는 수업에 대한 기준이 계속 바뀐다. 관리자마다 선호하는 수업방식이 있다. 우리 반은 앉아서 아무나 자유롭게 말한다. 판서할 내용은 내 손 글씨로 그때그때 해결한다. 아이들은 여느 때와 다름없이 엉뚱한 질문으로 친구들을 웃긴다. 혹시 내가 평소와 다른 모습을 보이면

"선생님, 오늘 왜 그러세요?"

하고 내 얼굴을 빨갛게 만들어 버릴 것이다. 공개수업이 끝나면 홀가분함보다 민망함이 더 강하게 남는다. 악몽을 꾸지 않기 위해서라도 우수 수업 동영상을 많이 봐야 하지 않을까 싶다.

이런 내게 극적인 공개수업을 할 일이 생겼다. 유일한 저학년 경험을 만들어준 2학년을 가르칠 때였다. 학기 초에 학년에서 가장 빡센 업무를 자청해서 맡았다. 그러면 미안해서라도 학년 대표수업을 하라고 하지 않겠지? 나름 머리를 굴린 것이다. 선뜻 나서는 공개수업 지원자가 없어 나중에 정하기로 했다. 시간은 흘러 어느덧 결정의 날이 다가왔다. 2주 후에 인근 학교 선생님들이 참관하는 공개수업을 해야 했다. 학년 부장 선생님은 가차 없이 제비뽑기로 수업자를 정하겠다고 하였다. 부장 선생님은 작은 종이 쪽지를 준비했다. 그중 한 장에 '당첨'이라고 썼다. 접은 다음 6개의 종이 쪽지를 공중에 뿌렸다. 문제는 종이가 얇아서 글씨가 그대로 비친다는 것이다. 5개의 손이 냉큼 쪽지를 잡아채는 동안 나는 얼음 상태로 움직이지 않았다. 내 앞에 떨어졌던 쪽지에는 글씨가 없었지만 나는

손을 뻗을 수가 없었다. '당첨'만 남겨놓고 내 동료들은 급하게 자리를 떴다. 복잡한 감정이 밀려왔다. 그들의 눈도 다 알고 있었으니까. 나는 평소 우리 반과 하고 있는 활동을 보여주기로 했다. 준비할 시간이 넉넉하지 않았기 때문이다. 과목은 즐거운 생활, 주제는 리듬치기였다. 나는 흥겨운 클래식 소품을 한 곡 골랐다. 전체가 모두 몇 마디인지 파악한 후 리듬악보를 만들었다. 마라카스, 탬버린, 트라이앵글, 우드블록, 캐스터네츠 파트로 나누었다. 간주 부분에 해당되는 리듬은 율동으로 만들었다. 칠판에는 큰 악보를 그려놓고 지도안에 첨부할 악보는 컴퓨터로 만들었다. 이런 식의 리듬합주는 딸아이 유치원 발표회에 갔다가 얻어 온 팁이다. 학교에서 써먹어 봤는데 초등학생들도 좋아라 했다. 공개수업 날이 되었다. 다른 학교 선생님들이 하나 둘 우리 교실에 들어오셨다. 아이들은 새 음악을 맘에 들어 했다. 몸을 흔들며 신나게 리듬을 연주했다. 모둠끼리 돌아가면서 악기를 바꾸어도 척척 잘한다. 수업이 끝나고 한 선생님이 다가오셨다.

"이런 수업은 처음 봤어요. 정말 재미있네요. 한 시간이 금방 지나갔어요."

나는 그 선생님 요청대로 음원과 악보파일을 메일로 보내드렸다.


다른 학교로 발령이 난 후 작별 인사하러 온 후배가 있었다. 우리는 3년 전에 동 학년으로 만났다. 인사를 끝내고 돌아서려던 그가 말했다.

"선생님 수업은 조용하지만 울림이 있었어요."

나는 오래전에 그가 참관했던 공개수업을 기억하지 못한다. 후배의 말이 정확히 무엇을 말하는지 모른다. 그러나 그렇게 말해 주는 마음이 참 고마웠다. 공개수업에 대한 악몽에서 벗어나게 해줄 만큼 따뜻한 느낌을 받았다.

그렇다면 일상적인 나의 수업은 어떨까? 수업은 잘 못하지만 종소리 하나만큼은 똑 소리 나게 잘 지킨다. 쉬는 시간이 되면 컴퓨터에 든 자료와 칠판 세팅을 미리 해 둔다. 공부할 교과서 쪽수도 칠판에 적어 준다. 시작종이 울리면 바로 수업을 시작한다. 내가 수업을 마무리하는 말을 하고 나면 어김없이 끝 종이 울린다. 쉬는 시간마다 놀아야 되는 아이들은 내 말이 조금이라도 길어지면 민란봉기라도 일으킬 듯이 표정이 험악해진다. 대신 시작종이 울리면 부리나케 뛰어올 줄도 안다.

학교에서는 수업 공백이 생겨서는 안 되기에 가끔 보결을 해야 하는 일이 생긴다. 아프거나 전일 출장을 가는 교사가 있기 때문이다. 이럴 때는 수업시간이 비는 교사들이 번갈아 가며 수업을 대신해 준다. 교감 선생님이나 교장 선생님이 수업을 채워준 적을 단 한 번도 본 적이 없다. 수업을 잘 해서 승진을 했는데 수업에 대한 토는 달아도 실제 수업은 안 한다.

'아하, 수업하기 싫어서 승진했구나!'

전담 선생님께 교실을 내주며 주섬주섬 놀이도구를 챙기는 내게 우리 반 아이들이 묻는다.

"선생님, 어디 가시게요?"

"응. 옆 반에 보결하러 가야 해."

"3반 선생님은 또 출장 가셨대요? 그런데 선생님은 왜 출장을 안 가세요?"

"내가 누구 좋아라고 출장을 가니?"

아이들은 웃으며 잘 다녀오라고 한다.

학부모 공개수업은 그나마 부담이 덜하다. 부모님들은 담임 교사에게는 관심이 없고 아이 얼굴만 쳐다 보니까. 우리 아이가 발표를 잘하나 못하나 하고. 그래서 나는 단 한 명에게도 발표를 시키지 않는다. 의자는 참관하는 부모님들께 모두 내어 드리고 아이들은 교실바닥에 옹기종기 앉는다. 모둠끼리 힘을 합쳐 놀면서 문제를 해결한다. 나는 도움을 주거나 진행하는 역할만 한다. 도드라지는 아이도 소외되는 아이도 없다. 그런데 아이의 특징은 가장 잘 드러난다.

# 나는 여전히 학부모가 무섭다

××××××××

산전휴직으로 학교를 쉬고 있을 때였다. 태교가 필요하대서 문화센터에 다니고 있었다. 수업이 시작되기까지는 시간이 남아 있어서 휴게실에 앉아 기다리고 있었다. 옆 테이블에는 수강생으로 보이는 젊은 엄마들 몇 명이 모여 있었다. 육두문자가 날아다녀서 얘기 소리가 귀에 더 착 달라붙었다. 듣고 보니 서로 자녀의 담임 교사 얘기를 하는 중이었다. 언어의 칼에 무참하게 난도질당하고 있는 그 '담탱이년'들은 뉴스에나 등장할 법한 악질 교사가 아니었다. 내가 학교에서 늘 마주치는 동료와 내 자신의 일상적인 모습이었다. 얼굴이 벌겋게 달아오른 것은 순식간이었다. '우리 반 학부모도 모이면 저러겠지. 집에서는 무의식 중에 아이 앞에서 담임 교사를 비하하는 말이 튀어나오겠구나.' 그날은 태교에 실패했다. 아울러 교사가 '공공의 적'이라는 것을 알게 된 날이었다. 나 역시 학부모와 마찰이 생긴 적이 몇 번 있었다. 모두 내가 잘못해서 벌어진 일이라 사과를 드렸고 그분들은 받아주셨다. 상담 때문에 교실 문턱을 넘는 학부모들은 대부분 공손한 모습이었다. 심지어 교양이 뚝뚝 넘칠 때도 있었다. 그때까지 내게 학부모란 내가 잘못하지 않는 한 아이를 매개로 한 동반자 관계였다. 그러나 문화센터에서 받은 충격은 컸다. 나는 세상에서 학부모가 제일 무서워졌다.

학부모는 젊은 교사에게는

'선생님이 새파랗게 젊어서 애들을 못 잡나보네.'

'아직 애가 없어서 잘 모르나본데….'

하며 마땅치 않은 눈길을 보낸다. 남자 교사는 무심하다고 싫어한다. 여자 교사는 깐깐하다며 싫어한다. 나이 든 교사 또한 구식이라며 대놓고 싫어한다. 교사와 학부모의 나이가 비슷하면 좀 더 편안한 관계가 될 수 있을까? 드디어 우리 반 아이들과 내 딸아이의 나이가 똑같은 해를 만났다. 그런데 내가 놓친 것이 있었다. 부모님의 나이대가 너무 다양했던 것이다. 초등학교 학부모의 나이는 30대 초반에서 50대 초반까지이다. 그 20년 정도의 차이는 극복할 수 없는 거리였다. 〈나이〉는 잊기로 했다. 그럼에도 나이가 나보다 더 있는 부모님이 내게는 훨씬 편안한 느낌을 준다.

새 학기 첫날을 보낸 아이에게 엄마는 이렇게 묻지 않을까?

"선생님이 남자야, 여자야?"

"젊었어, 늙었어?"

아이들이 가장 궁금해 하는 것은 '무서운 선생님'일까 '안 무서운 선생님'일까 일 것이다. 내 휴대전화 속 학부모 그룹은 벨소리를 따로 지정해 두었다. 퇴근 후 집에 돌아와 있는데 그 벨소리가 울리면 가슴이 서늘하게 내려앉는다. 머릿속으로 그날 하루를 재빠르게 스캔한다.

'오늘 내가 무얼 잘못했나?'

"선생님, 요즘 우리 아이 학교에서 잘 지내나요?"

"네, 잘 지냅니다."

"말썽 피지는 않나요?"

"말썽 안 피는 남학생도 있나요? 남들만큼은 피니까 걱정하지 마세요."

"아, 네."

이 통화의 주인공은 사실 꽤 심각한 문제행동을 한다. 전 담임 교사를 몇 번 찾아갔을 정도이다. 하지만 나는 아이의 부모님께 한 번도 얘기한 적이 없다. 1+1은 마트에만 있는 것은 아니다. 학교에서 아이들을 만나다 보면 아이 뒤에는 거울처럼 아이와 똑같은 다 큰 아이(엄마)가 보인다. 경계 경보가 감지되면 말하지 말고 그냥 지나가야 한다. 전 담임 교사의 생각도 나와 같다. 내 행동이 소심하다고? 그만큼 학부모가 무섭다는 것이다! 나는 아이들을 상급 학년으로 올려 보낸 뒤에도 관심의 끈을 놓지 않는다. 아이들의 특성을 일일이 적어 새로운 담임 교사에게 보내준다. 아이가 잘 하는 것, 좋아하는 것, 주의할 점 등등. (앞으로는 이 일도 안 하려고 한다. 교사들은 매우 똑똑해서 단시간에 아이들을 간파해버린다.) 마음을 쓰이게 했던 아이들은 새로운 담임 교사에게 직접 안부를 물어본다. 대부분 잘 지낸다. 걱정스런 행동을 하는 아이도 시간이 지나면 자연스럽게 잘 자라고 있다. '긁어 부스럼 만드는 일'은 앞으로도 안 할 것 같다. 나는 여전히 세상에서 학부모가 제일 무섭다.

# 상담주간

××××××××

그 무서운 학부모들을 실컷 만나는 때가 있다. '상담주간'이다. 이러한 학교 행사가 없던 시절에는 불시 방문을 받고는 했다. 수업이 끝날 때 쯤 복도에 서 계시는 학부모가 계셨다. 사전에 연락을 하여 예약을 하시는 분도 계셨다. 그럼 막상 얼굴을 맞대기 전까지는 '무슨 일로 그러시나?' 하는 생각에 긴장 상태가 계속 되었다. 상담주간이라는 것이 생기니 마음이 훨씬 편해졌다. 처음에는 100% 상담을 목표로 야간 상담, 전화 상담, 주말 상담을 가리지 않았다. (그때는 지금보다는 팔팔했나 보다.) 부모님을 잠깐이라도 한 번 본 것과 안 본 것은 차이가 있다. 그것은 부모님도 마찬가지였으리라. 부모님을 만나면 아이를 가리고 있던 막이 벗겨지는 느낌이랄까? 아이에 대해 이해가 되면서 안심을 하게 될 때가 있다. 아무리 심한 장난꾸러기일지라도 부모님이 내게 보여 주셨던 웃음을 떠올리며 아이의 행동에 웃고 만다. 3시간짜리 마라톤 상담을 하고도 별 보람이 없는 경우가 있지만 잠깐의 만남으로도 신뢰가 싹틀 수 있다. 그렇게 되면 문제는 더 이상 문제가 아닌 것이다.

아이와 자신을 동일시하는 부모님일수록 방어적인 자세를 풀지 못한다. 아이에 대해 듣고 싶지 않은 말을 듣게 되면 자신이 공격당한 것처럼 자존심 상해 한다. 아이에 대해 자랑만 하다 가는 분이 있다. '우리아이 어때요?' 라는 한마디만 던져놓고 나를 떠 보는 분이 있다. 철학관에 온 것도 아니고 고작 3월 새 학기인데 말이다. 수사관처럼 취조하려 드는 분이 있다. 내게 샌드위치 반말을 사용하는 분도 있다. 교사는 부모의 사각지대에서 아이를 비춰주는 거울 같은 존재다. 마음과 귀를 열고 아이에 대한 정보를 교환하기에도 상담시간이 빠듯하지 않을까?

상담주간을 앞둔 주말에는 아이들에 대한 자료를 여러 번 들여다 본다. 전 담임 교사의 의견이 적힌 생활기록부는 물론 학업성취도를 알 수 있는 자료, 아이의 심리와 교우관계를 엿볼 수 있는 자료를 읽고 또 읽는다. 학생들 책상 두 개를 마주 붙여 놓는 것이 상담석이다. 책상에는 간단한 마실 거리를 준비해 놓는다. 이상하게 들리겠지만 곽 휴지도 준비물 중의 하나이다. 상담주간마다 부모님의 눈물과 마주칠 때가 있기 때문이다. 심각한 부적응 학생, 문제행동을 보이는 학생, 모범생을 막론하고 내 앞에서 눈물을 보이는 분이 계시다.

유찬이는 학교에서는 아무 말도 하지 않는 학생이었다.

나 : (유찬이가 쓴 글을 보여주며) 글씨가 깨알같이 작네요.

유찬이 엄마 : 상담 받아 보라는 얘기인가요?

나 : (당황해서) 네? 아니요. 제가 노안이라 읽기가 힘들었거든요.

유찬이 엄마 : 여태까지 학교에 왔을 때마다 상담 받아 보라고 해서요. 사실, 상담도 받아봤어요.

나 : 그러셨군요. 이런저런 이유로 상담이 필요하다면 상담을 안 받아도 되는 학생이 몇 명이나 있을까요? 모두가 말 잘하는 아이로 키울 수는 없잖아요? 타고난 성향을 아이에게 어떻게 억지로 바꾸라고 합니까? 어른인 교사가 아이에게 맞춰야지요.

유찬이 엄마 : (눈물을 글썽이며) 그렇게 말해 주는 사람이 없었어요.

유찬이는 여전히 말을 하지 않았지만 우리는 의사소통을 하는데 불편이 없었다. 유찬이 엄마와 나는 2학기 상담주간에 또 만났다. 그때는 웃음으로 이어진 시간을 보냈다.

상담시간은 30여분 정도로 정해져 있다. 그 시간이 지켜졌던 것은 여태까지 딱 두 번이었다. 이야기가 길어지면 복도에서는 다음 순서인 분이 왔다 갔다 하는 초조한 발소리가 들린다. 상담을 마치면 복도까지 나가 배웅을 해 드린다. 그날의 상담을 모두 끝내고 캄캄한 주차장에 혼자 덩그러니 놓여있는 내 차를 향해 가다 보면 그때서야 어깨에서 묵직한 통증이 느껴진다. 딱딱한 의자에 앉아 내리 5시간을 보낸 것이다. 그것도 내가 세상에서 제일 무서워하는 대상과 마주 보고서. 상담주간뿐 아니라 학교에서 나와 마주친 학부모들은 늘 이야기가 길어졌다. 운동회에 오셨던 한 아빠하고도 운동장에 선 채로 1시간이 넘어가도록 얘기를 나눈 것 같다. 내가 그럴 수 있었던 것은 우리 반 아이들은 내가 있으나 없으나 상관없이 응원석에서 신나는 댄스파티를 벌이고 있었기 때문이다. '아버지 학교' 행사에 참석하러 오셨던 분은 밤 9시까지 내 앞에 계셨다. 결국 행사장에 가지 못하셨다. 나는 전화 상담마저 깔끔하게 빨리 끝내지 못한다.

통상적인 상담은 30분이면 된다. 약간 심각한 이야기가 오가더라도 1시간이면 충분하다. 그 이상을 넘어가면 상담의 범주를 빗겨가는 영양가 없는 '수다'일 가능성이 많다. 학교와 아무 상관이 없는 쪽으로 이야기가 가지를 뻗기도 한다. 나는 말수가 적고 말주변이 없다. 게다가 한가하지도 않다. 상담주간마다 다른 교사들은 다들 제 시간에 집에 가는데 도대체 나만 이렇게 '길어지는 상담'이 생기는 것은 무엇 때문일까? 스스로 진단을 내렸다. '선천성 말 자르기 불가증'이라고. 해마다 되풀이되는 이 '고난 주간'의 어깨 통증은 앞으로도 계속 될 것 같다. 그렇다면 여기서 궁금해지지 않는가? 학부모들은 왜 나를 오래 붙잡는 것일까? 자주 등장하는 레퍼토리는 '전 담임 교사'이다. 좋은 담임은 등장했다가 바로 사라진다. 나한테 전 담임만큼은 하라는 메시지를 주는 것인가 싶어 부담감이 잠깐 들고 만다. 나쁜 담임이었다면 꼼짝없이 붙들린다. 그럼 해가 바뀌면 나도 전 담임이 되어 상담주간에 등장하겠네? 그럴 걱정은 전혀 없다. 교사들은 말 자르기 선수들이니까.

상담주간에 아이의 학교생활을 말씀드리면 학부모로부터 곧잘 이런 반응을 보게 된다.

"작년에는 안 그랬는데요?"

그러면 나는

"올해는 그러네요."

하면서 하던 이야기를 계속한다. 나중에 전 담임 교사한테 물어보면

"작년에도 그랬는데요!"


최근에 있었던 2학기 상담주간 마지막에 만난 분은 준호 엄마이셨다. 상담 신청을 하지는 않았으나 공개수업 참관하러 오셨다가 나와 마주 앉게 되었다.

"선생님, 준호는 집에 오면 학교 얘기를 많이 해요."

"네? 6학년 남학생이 집에서 학교 얘기를 한다고요?"

"그럼요, 선생님 얘기도 많이 하는걸요? 선생님을 만나게 된 것이 행운이래요. 선생님은 아이들 마음을 잘 헤아려준대요. 가끔 오늘은 우리 선생님이 힘들었을 거라는 말도 해요."

나는 그로부터 꽤 긴 시간 동안 내가 준호랑 나누었던 얘기와 반 아이들에게 해 주었던 말들을 준호 엄마를 통해 고스란히 들을 수 있었다. 내 눈은 점점 커져갔다.

"진즉 와 주시지 그러셨어요? 아이들 앞에서는 웃고 있었지만 사실 어둠의 시간을 보내고 있었거든요. 수업시간이면 아이들은 질문에 반응이 없고 무표정하게 앉아만 있어요. 아무도 듣지 않는 허공에 혼자 떠들어 대는 것 같아서 마음이 늘 허무했어요. 아이들과 제대로 소통 못하는 것 같아서 외로웠고요. 이런 적이 처음이라 더 힘들었나 봐요. 아이들이 수업시간에 졸고, 공부 안 하고, 사고를 치면 담임 교사로서 무력함이 드러나는 것 같아 두려웠어요. 아이들은 죄가 없잖아요? 어떤 행동을 해도 졸업하는 날까지는 아이들을 다독이며 갈 수밖에요. 그런데 누군가가 내 얘기를 듣고 그것을 마음에 새겼을 거라고는 생각 못했습니다. 걱정하는 눈길이 나를 바라보고 있다는 것은 상상도 못했어요. 준호가 저를 어둠에서 구원해 주었네요." 끝내는 내 목소리에 울먹임이 섞였다. 그날 집에 돌아와서 오래 울었다. 마른 바람이 불던 사막에 꽃이 피어올랐다. 다음 날부터 아이들 앞에서 웃는 것이 더 이상 힘들지 않았다. 결국 마지막 학부모 상담에서는 교사가 울었다.

세련되게 마무리를 못해서 곁길로 새 버리기도 하는 아마추어 상담에 불과하지만 나는 부모님들의 이야기를 많이 듣고자 한다. 학교 문턱은 예나 지금이나 높을 것이다. 나도 딸아이의 담임 선생님 앞에 서면 한없이 쪼그라들 수밖에 없다. 학교에 대한 불만이나 자녀에 대한 관심이 적다면 부모님들도 나를 붙들고 오래 얘기할 일은 없을 것이다. 교사가 귀를 기울일 줄 알았다면 그때 문화센터 휴게실에 있었던 엄마들도 덜 전투적이었을 것이다. 최소한 접미사처럼 붙어 다니던 '년'자는 빼 주지 않았을까?

아이를 졸업 시키고도 부모님을 만나게 되는 경우가 있다.

"선생님, 중학교 선생님은 왜 그렇게 불친절해요? 무서워서 말을 못 붙이겠어요."

'네, 중학교는 그래요.'

# 몰래 카메라

××××××××

"선생님, 또 몰카 찍으세요? 반칙이에요!"

"너희들도 만날 이런저런 반칙하면서 뭘?"

나는 줄곧 아이들의 사진을 찍어 왔다. 디지털 카메라가 생긴 후부터는 문집 대신 사진첩을 선택했다. 학기 초가 되면 A4 10매인 투명한 표지의 클리어파일을 30개 준비한다. 아이들의 이름을 넣어 사진첩 표지를 만들어 놓는다. 겨울방학이 되면 1년 동안 찍어왔던 사진들을 확대 화면을 보면서 선별한다. 감은 눈, 흔들린 초점, 누가 봐도 이상한 표정 등은 휴지통에 넣는다. 사진인화를 주문한다. 혼자 찍은 사진은 1장, 여럿이 찍은 사진은 인원에 맞게 일일이 수를 표시한다. 배송된 사진은 학생별로 나눈다. 사진은 보통 천 몇 백 장에 이른다. 인화된 사진 중에서도 휴지통으로 들어가는 사진이 생긴다. 분류된 사진을 시간 순으로 정리한다. A4 종이 양면 모두에 사진을 붙인다. 작은 크기로 인화하면 한 면에 3장씩 붙일 수 있다. 사진속의 아이들은 웃고 있다. 나도 따라 웃는다. 풀칠 작업이 끝나면 사진 밑에다 일일이 사진에 대한 설명을 쓴다. 클리어파일에 넣는다. 표지 다음 면에는 담임 교사의 편지글을 넣는다. 사진첩 마지막장에는 아이들이 했던 롤링페이퍼를 넣는다. 1주일에서 열흘 정도는 꼬박 이 작업에 매달려야 했다. 어깨 통증이 덤으로 따라온다. 풀칠 작업은 가족들을 알바로 쓰기도 했다. 아이들과 헤어지는 종업식 때 이 사진첩을 나누어준다. 내가 카메라를 들고 있을 때 얼굴을 잘 들이미는 학생은 사진이 많아서 사진첩도 2개다. 카메라만 들면 도망가는 학생은 뒤통수라도 찍는다. 중간에 전학 가는 학생이 있으면 사진첩을 미리 만들어서 준다.

이러다가 꾀가 생겼다. DIY 사진첩으로 바꾼 것이다. 서툰 손을 가진 남학생 몇 명을 제외하고는 아이들이 나보다 훨씬 솜씨가 좋고 창의적이다. 아이들이 직접 자신의 사진첩을 만들게 되었다. 내 할일은 사진 뒷면에 사진 주인의 이름을 적어 놓는 것이었다. 아이들은 이름을 보고 사진 속 주인공에게 갖다 주었다. 사진을 다 받으면 사진에 박힌 날짜 순으로 정리를 했다. 문제는 사진 설명을 적는데서 생겨났다. 여기저기서

"선생님, 이건 뭐하는 장면이에요? 뭐 할 때 찍었어요?"

몰카의 폐해다.

아이들의 짧은 기억력을 돕기 위해 이후에는 분기별로 4번에 걸쳐 사진을 나누어 주었다. 최근 사진을 보면 왜 찍혔는지 금방 떠올릴 수 있기 때문이다. 설명을 써 놓은 것을 보니 내가 해 주는 것보

다 재미있게 쓴다. 아주 멋진 사진첩이 만들어졌다. 아이들은 서로의 사진첩을 바꾸어 보기도 한다.

"선생님, 왜 쟤 사진이 더 많아요?"

"음, 카메라 앞에 자꾸 얼굴을 들이대면 사진이 많아져."

"선생님은 왜 사진에 없어요?"

"아, 그렇구나! 그 점이 좀 아쉬운 걸?"

이렇게 쉬워진 사진첩 만들기를 학교 홈페이지에 올린 적이 있다. 활용도가 떨어져 죽어가는 홈페이지를 위해 의무적으로 자료 1편씩 올리라는 지시가 떨어져서였다.

그런데 그 글을 읽은 사람이 있었으니 학년 부장을 맡고 있던 선배 교사였다.

"선생님, 사진첩 견본 좀 볼 수 있을까요?"

"없는데요? 학년 끝나면 아이들이 다 집으로 가져가니까요."

대신 아이들의 이해를 돕고자 남은 사진들을 붙여 만든 샘플을 드렸다. 그 해에 그 학년은 반마다 사진첩을 만들었다.

스마트폰이 등장하여 학급 밴드에 사진을 올리는 것으로 나는 사진첩 만들기를 그만두었다.

한때 가족신문 만들기가 유행이었다. 신문 속 사진 중에는 아기 때 모습도 있기 마련이다. '너희들도 이렇게 귀엽고 사랑스러운 때가 있었구나!' 어떤 말썽꾸러기 아이라도 아기 때 사진을 본 이후에는 더 이상 야단을 칠 수가 없게 된다.

6학년은 졸업하기 전에 생활기록부 사진을 바꾸게 된다. 생활기록부에 들어 있는 사진은 1학년 때 찍은 것이다. 졸업 전에 최근사진으로 업로드하기 전에 1학년 사진부터 내려 받았다. 한 화면에 왼쪽은 1학년 사진, 오른쪽은 6학년 사진을 배치했다. '1학년 VS 6학년' 이라는 제목으로 다함께 감상하였다. 화면이 넘어갈 때마다 교실 안에 웃음이 터졌다.

# 수학여행 걱정

××××××××

나 : 수학여행이 없어졌으면 좋겠어요!

동료 교사1 : 그럼 교사야 좋겠지만 아이들이 많이 실망하지요.

동료 교사2 : 부모님들도 학교 다닐 때 추억이 있어서 서운해 하지 않을까요?

동료 교사3 : 단체여행객 받는 숙박업소나 전세버스는 뭐 먹고 살라고요?

동료 교사4 : 혹시 알아요? 부수입이 줄어드는 교장 선생님이 있을지도.

수학여행이 아예 없는 학교가 있다. 대형사고가 나면 수학여행이 사라졌다가 잠시 후 부활을 거듭한다. 수학여행 실시에 대한 학부모 설문조사를 하면 대부분 찬성이다. 아이의 강권에 못이긴 탓도 있을 것이다. 인솔 교사로 갔던 수학여행이 10번이 넘는다. 아이들은 버스 안에서 스마트폰 화면만 쳐다 보고 있다. 질문이라고는 "숙소 언제 도착해요?"이다. 자유 시간이면 매점(편의점)에 가서 야식

사오는 것이 가장 큰 즐거움이다. 밤에는 놀고 낮에는 버스에서 잔다. 잠에 취한 목소리로 '안 내리면 안 돼요?' 한다. 박물관에 들어서면 앞 사람 뒤통수 따라 다니기도 바쁘다. 관람은 뒷전이고 친구들과 열심히 셀카 찍는다. 나는 숙소배정을 할 때 '놀돌이 놀순이' 방과 '잠돌이 잠순이' 방을 따로 나누어 놓고 아이들에게 선택하게 한다. 늦게 잘 사람끼리는 모여 놀고, 일찍 자고 싶은 사람은 조용한 분위기에서 편안하게 쉬라는 것이다. 밤에는 내가 각 방을 다니면서 휴대전화를 모두 걷어 놓고 아침에 다시 돌려준다. 그렇게 하지 않으면 온밤을 들썩이다가 토끼 눈이 되어 버린다. 밤샘을 하고 버스에 타면 병든 닭처럼 축 늘어진다. 여행을 끝내고 학교에 돌아오면 새로운 커플들이 우수수 태어난다. 나는 '교내금연'을 외친다. 학교 안에서는 연애금지!

내가 수학여행에 대해 걱정이 많은 이유는

- 전세버스 운전기사의 운전 때문이다. 저렇게 운전해도 되나 싶을 때가 많다. 요즘은 여러 대가 몰려다니는 것을 금지하고 있지만 잘 안 지켜진다. 도로에서 줄줄이 쫓아다니는 똑같이 생긴 대형버스들은 위험할 수밖에 없다.

- 교육을 생각한다면 여행은 부모님과 함께 차분하게 개인 여행을 해야 한다. 사람이 많으면 모이고, 줄서고, 인원 점검하고, 기다리고 하느라 많은 시간이 새 나간다. 못 먹고 살던 시절에는 수학여행이 필요했다. 필요해서 생겨났으니 그 필요가 줄어

들면 사라져도 된다.

- 단체여행객은 그곳에 와 있는 개인 여행객들에게 피해를 준다. 아이들이 메뚜기 떼처럼 휩쓸고 지나갈 때 평일의 한가함을 누리던 그들은 한쪽으로 피해야 한다. 과거의 추억을 담고 아이들을 바라봐 주시지만 인솔 교사인 나는 미안하다.

아이들이 하룻밤 반 친구들과 자는 추억을 포기 못하겠다면 가까운 곳에서 1박 2일 프로그램을 운영하면 어떨까? 경치가 좋으면 뭐하고 역사적 의미가 깊은 들 뭐하랴. 눈을 들어 창문 밖 한 번 내다보지도 않는 아이들을 데리고 그 먼 경주, 강원도, 공주, 부여까지 가고 싶지 않다. 게다가 내게는 수학여행에 대한 아픈 기억이 있다.

1996년 경주, 수학여행 첫날이었다. 저녁식사가 끝나고 숙소 마당에 나와 있었는데 우리 반 남학생 몇이 헐레벌떡 뛰어왔다.

"선생님! 정호가 이상해요!"

방안에서 아이들끼리 베개놀이를 하다 정호가 베개에 맞고 뒷머리를 벽에 부딪쳤다고 한다.

뛰어가 보니 정호가 눈을 껌벅이며

"선생님, 여기가 어디에요?"

"경주잖아."

"우리가 왜 여기 있어요?"

정호를 데리고 경주에 있는 동국대 병원으로 갔다가 민간 구급차로 학교 인근의 종합병원으로 옮겼다. 나는 남은 일정 동안 우리 반과 함께 해야 하기에 전담 선생님께서 정호랑 같이 가셨다. 정호는 병원에 입원하여 오랫동안 각종 검사를 받았다. 나는 정호 부모님께 어떤 위로의 말을 드려야 하는지도 모르는 융통성 없는 초보 교사였다. 소식만 기다리며 안절부절 못할 뿐이었다. 학년 부장 선생님 따라서 입원실에 가 본 것이 다이다. 검사 결과로는 아무 이상이 없다고 했다. 정호가 학교에 나올 때까지 두통에 시달렸다. 한 달 쯤 후 학교에 모습을 보인 정호는 소금 친 배추마냥 시들시들했다. 눈에서 총기가 사라졌다. 활발하고 공부를 꽤 잘하던 아이였는데. 정호의 부모님께서는 이 사고에 대해 어디다 원망은 못하셨지만 담임 교사에 대해서 너무나 서운해 하셨다. 담임 교사가 구급차에 동행하지 않았고 병원에서 볼 수 있는 학교 측 사람은 경력이 많은 부장 선생님이었으니까. 그 일에 대해 아직까지도 죄송스럽다. 나는 정호가 그 후 회복은 되었는지 잘 지내는지 마음속에 늘 떠올려 본다. 정호를 가슴에 얹어 두고 살고 있다는 것을 알면 정호 부모님께서 나를 용서하실 수 있을까? 정호는 정말 어떻게 살고 있을까? 수학여행 전날이 되면 나는 아이들에게 당부한다. 숙소에서 베개싸움 놀이는 하지 말라고.

최근에 새로 옮겨 간 학교는 나에게 6학년을 안겨주었다.

"이 학교는 수학여행 가나요?"

"안 가요. 교장 선생님이 겁이 많아서 올해부터 안 가게 되었어요."

"와우, 이 학교가 좋은 점도 갖고 있군요."

대신 현장학습을 먼 곳으로 다녀오게 되었다. 일정을 마치고 돌아오는 버스 안에서 나는 기진맥진한 상태였지만 간간이 아이들을 둘러보았다. 혹시라도 안전벨트를 푸는 아이가 있을까 싶어서이다. 고속도로를 한참 주행하다가 차체가 앞으로 쏠린다 싶은 느낌이 들었는데 앞서가던 다른 반 버스와 우리 반 버스가 바로 내 눈앞에서 부딪치고 있는 것이다. 그 순간 내 비명소리는 날카롭게 울려 퍼졌고 유리창이 부서져 내리면서 운전기사 위로 쏟아졌다. 믿을 수 없는 장면이었다. 곧바로 운전기사에게 가 보았으나 차체가 찌그러지면서 몸이 끼어서 움직이지를 못했다. 4중 추돌 사고였다. 학생들은 자다가 앞자리 등받이에 얼굴을 부딪쳤다. 모두 안전벨트를 매고 있었기에 크게 다치지는 않았다. 나는 치아를 다친 학생이 있는지 확인하였다. 구급약품을 꺼내 얼굴 상처를 지혈하게 하거나 약을 발라 주었다. 뒤 따라 오던 3반 버스는 옆으로 피할 수 있었다. 운전기사를 남겨두고 우리 반은 3반 버스에 옮겨 탔다. 3반 선생님 가방에 얼린 물병이 있어서 입술이 찢겨져 부어오르는 학생에게 주었다. 얼음주머니 대용이었다. 버스는 학교에서 가까운 종합병원 응급실 앞에 학생들을 내려 주었다. 학생들 모두 검사와 진료를 받게 하였다. 집에 오니 밤 10시가 넘어 있었다. 파란만장한 시간을 보내고 나니 2학기 현장학습은 가까운 곳으로 가고 싶어졌다. 걸어서 다녀오면 더 좋겠다.

# 교실 꾸미기

×××××××

　나는 교실환경을 꾸미는데 소질이 없다. 교실을 덜 꾸미는 것이
나의 환경미화 방식이다. 꾸미기보다 치우기를 우선시 한다. 집은
못 치우고 살지만 교실은 제때 치운다. 작품게시판에는 모든 학생
들의 작품을 붙인다. 미완성이면 미완성인 채로 붙인다. 아이들이
작품을 만들 때마다 게시판을 바로바로 바꾸어 준다. 게시판 주변
을 꾸미는 소품들은 핸드메이드이다. 내가 만들었다. 대형문구점에
가면 환경물품을 살 수 있지만 가격은 비싸고 물건은 예쁘지 않다.
나는 동네문방구에서 펠트지를 잔뜩 사왔다. 겨울방학을 활용하여
가내수공업을 했다. 울타리, 풀, 꽃, 딸기, 나비, 수박, 버섯, 단풍잎,
눈사람, 모자, 장갑, 양말 등을 잔뜩 만들었다. 개학을 할 무렵, 가위
질을 오래 한 내 오른손은 퉁퉁 부어 있었다. 계절이 바뀔 때마다 나
는 펠트 소품을 바꿔 붙인다. 우리 교실에 볼일 있어 들어오는 선생
님들은 처음에 이런 반응을 보인다. (물론 여자 선생님만 그렇다.)
　"우와, 교실이 왜 이렇게 깔끔해요?"

내가 고수하는 교실 속 '여백의 미'가 문제 된 적이 있었다. 학급 학예회를 앞두고 교장 선생님의 지시가 내려졌다. 교실을 작품전시 회장으로 만들어라! 경쟁하듯이 교실 꾸미기에 들어갔다. 나는 복도 쪽 벽에 아이들 시화 작품을 붙여 놓고 3분기 작업이 끝나 있는 아이들 개인 사진첩을 전시했다. 퇴근 시간은 평소와 크게 다르지 않았다. 다른 학년 선생님들은 밤에 학교에 남아 작업을 했다. 액자를 만들고, 락카를 뿌리고, 가렌다를 붙이고, 풍선을 불었다. 저학년 은 학부모를 동원했다. 교실이 울긋불긋 화려해졌다.

한 남자 후배는 "교장 선생님은 무당집을 좋아하나봐?" 했다. 이 윽고 교장 선생님의 교실 순시가 시작되었다. 흐뭇한 표정으로 교실을 돌다가 우리 교실에 와서는 돌 씹은 표정이 되었다. 궁시렁 거리더니 인사도 없이 나갔다. 후배인 학년 부장 선생님이 교장실에 불려갔다. 나는 생각을 바꾸지 않았다.

"부모님들이 아이들 얼굴 보러 오지 교실 벽 보러 옵니까? 부모님을 동원해서 교실을 꾸며 놓고 부모님에게 보여 주려고 초대하는 것은 우습지 않나요?"

다행히 그 학년 부장 선생님은 교장 선생님의 안티 팬이었다. 내게 어떤 요구도 하지 않고 자신의 교실만 예쁘게 꾸몄다.

학예회가 끝나자 나는 사진첩을 넘겨보느라 남아 계신 몇 명의 부모님께 넌지시 물어 보았다.

"학예회용 교실 꾸미기에 대해 어떻게 생각하세요?"

"학예회 한다고 교실을 꾸며요? 왜요? 그렇지 않아도 1학년 엄마들이 툴툴대던데요. 청소하기도 힘든데 교실까지 꾸미라고 해서요. 예쁘게 꾸며 놓으면 담임 선생님의 성의가 느껴지긴 하죠. 그러나 눈에 잘 안 들어와요. 내 아이 보기도 바쁜데요. 그런데 이 사진첩, 정말 재미있네요! 다른 아이들 것도 보고 싶어요. 이걸 언제 이렇게 만들었대요?"

학예회 다음 날, 아이들이

"선생님, 벽에 붙어 있는 것 떼면 안 돼요? 답답해요!"

누구에게 잘 보이려고 했는지 모르겠으나 교사들을 째빠지게 고생시켰던 교장 선생님! 뭐든지 좀 물어보고 합시다!

# 작고 소박한 학예회

xxxxxxxx

학예회는 학교마다 다양하다. 강당에서 하거나 교실에서 한다. 매해 하거나 격년제로 한다. 안 할 수도 있다. 모두 교장 선생님에게 달려 있다. 나는 강당에서 하는 전체 학예회가 싫다. 각 반에서 1~2개 종목을 무대에 올린다. 강당 안에 한꺼번에 많은 학생을 몰아넣으니 시끄럽다. 다른 반 공연에는 별 관심이 없다. 어수선함 속에서 부모님들끼리 하는 대화가 들린다.

"저 반은 재미없게 리코더 합주는 왜 하니?"

"그러게. 학예회에서는 자고로 댄스를 춰야지."

나는 학교 행사와 상관없이 교실에서 학예회를 열어 왔다. 주5일제 전에는 토요일에 했다. 연말이 가까워지면 아이들에게 종목을 정하게 한다. 신청서를 받아 정리한 후 교실 벽에 붙여 놓는다. 아이들에게 바꿀 시간을 주는 것이다.

"선생님, 저는 공부 말고는 할 줄 아는 것이 없어요!"

"그래? 그럼 너는 진행을 맡으면 되겠다."

프로그램이 정해지면 아이들은 각자 연습에 들어간다. 학예회가 며칠 앞으로 다가오면 미술시간에는 학예회 포스터를 만든다. 국어시간에는 부모님께 드릴 초대장을 만든다. 나는 프로그램을 인쇄하고 진행용 슬라이드를 만든다. 학예회 전날 리허설을 한다. 학예회가 있는 날은 책상을 양 옆으로 밀어 놓는다. 학생들은 책상 위에 걸터앉는다. 의자는 뒤쪽으로 빼서 관객석을 만든다. 친구들과 부모님으로 둘러싸인 ㄷ자형 무대가 된다. 부모님이 도착하면 아이들이 프로그램을 나눠드린다. 할머니, 할아버지, 이모, 아기 동생도 보인다. 첫 출연자는 담임 교사가 소개한다. 나머지는 공연을 끝낸 아이들이 다음 출연자를 소개한다. 진행을 맡은 아이가 필요한 음악을 튼다. 보면대를 옮기거나 치우는 등 열심히 움직인다.

내 역할은 사진사다. 공연 중인 아이를 중심으로 앞, 뒤, 옆에서 골고루 사진을 찍고 동영상도 촬영한다. 관객석에서는 아기 동생의 칭얼거림 말고는 숨소리조차 들리지 않는다. 공연이 끝날 때마다 박수가 우렁차다. 아이들이 실수할 때는 웃음보가 터진다. 아이들의 공연이 끝나면 나는 동영상을 튼다. 아이들의 1년이 담겨 있는 영상이다. 작고 소박한 학예회다. 아이들이 만들고, 아이들 한 명한 명이 빛나는 학예회다.

# 아이들에게 좋은 작은 학교

×××××××

그날은 오후 4시에 새로 발령받을 학교가 발표되는 날이었다. 3 교시 수업을 하고 있는데 인터폰이 울렸다.

"잠깐만 교장실에 내려 올 수 있나요?"

"수업 끝나고 쉬는 시간에 바로 내려가겠습니다."

내려가는 도중 내 업무 진행상황을 머릿속에 정리하였다. 퍼뜩 불길한 생각이 들었다. 업무 문제라면 나를 급하게 부를 이유가 없 었다. 수업시간을 분간 못할 정도로 심각한 일이라면?

교장실에 들어서자마자

"혹시 제가 딴 데로 날렸나요?"

그 해에 전보대상자가 10명이 넘었다. 모두 1지망으로 지원한 학 교로 발령이 났다. 나만 빼고. 나는 1지망에서 6지망까지 단 한 개 도 걸리지 못했다. 내가 지원했던 학교는 집 근처에 있다. 전에 근무 한 적이 있어서 낯설지 않다는 점을 이유로 선택했다. 교장 선생님 은 내게 미안함과 위로를 거듭 표현하였다. 그로부터 며칠 동안, 태어나서 그렇게 엄청난 위로와 동정은 처음 받아 보았다. 발령 난 학교는 다른 행정구역에 있었다. 고개 넘고 물 건너 상습 교통체증 구간을 거쳐야 했다. 오래된 빌라가 밀집된 주택가에 위치한 학교였다. 집 근처 아파트 단지 학교만 맴돌던 나에게는 커다란 시련이자 변화였다. 막막한 생각에 이틀을 울었다. 게다가 교감 선생님과 새 학교에 가보니 교장 선생님은 직위해제 상태였다.

"이 학교에 무슨 일이 있었던 건가요?"

"인터넷도 안 보고 살아?"

핀잔을 듣고는 '모르면 어때?' 하고 그냥 넘어갔다. 전체 학급수가 고작 18개라는 말에 더욱 절망하였다. 그동안 나는 그 학교의 2배~4배의 규모인 학교에서만 근무했던 것이다. 학교나 학년에서 묻어가는 존재에 불과했으나 작은 학교에서는 어림없는 일이었다. 전 학교에서는 2~3명의 교사가 했던 업무량이 이 학교에서는 나 한 사람에게 주어졌다.

'명예퇴직을 앞당기는 수밖에 없겠다. 지금은 신청 기간이 지났으니 한 학기만 견뎌보자.'

그런데 보란 듯이 6학년 담임이 주어졌다.

'6학년이면 졸업은 시켜야 하잖아? 그럼 1년만 견뎌보자.'

이렇게 비장한 각오로 시작한 작은 학교에서의 생활은 신기함의 연속이었다. 새 학기 첫날 나를 보는 아이들의 표정은 '우리 학교에 내가 모르는 선생님도 있었나?'였다. 6학년 3개 학급 학생을 모두 모아봐야 62명이었다. 아이들끼리는 같은 반처럼 모두들 잘 알고 있었다. 선생님들은 다른 반 학생들까지 줄줄이 꿰고 있었다. 아이들 한 명 한 명의 존재감이 여느 학교와는 달랐다. 전교어린이회장을 뽑기 위해 선거유세를 했다. 나는 녹화된 방송유세를 예상했는데 다들 강당으로 가는 것이다. 강당에 4, 5, 6학년 학생들을 모아놓고 후보연설을 직접 들었다. 현장에서 생방송으로 보니 재미있었다.

동 학년 협의를 위해서는 교사들이 다 모이는 데만 한참이 걸린다. 모이고 나면 의견이 분분하여 회의 시간이 길어지는 경우가 허다하다. 지금은 달랑 세 명만 모이면 된다. 의견을 나누는데 몇 분이면 충분하다. 어떤 행사를 치르더라도 일사천리다. 서류를 내야 할 일이 생기면 우리 반 제출하러 가는 길에 다른 반에 들렀다 간다. 교실 두 개만 들어갔다 나오면 학년 것을 한꺼번에 제출할 수 있다. 학생 수가 적으니 남는 교실이 넘쳐나서 전담 교과 시간에 교실을 내어 줄 일이 없었다. 아이들이 특별실로 빠져나간 시간이면 나 혼자 교실에서 조용히 일을 할 수 있게 되었다. 나는 교직원들과 마주쳐도 누구인지 잘 모르는데 그들은 새로운 얼굴인 내가 누구인지 이미 알고 따뜻하게 맞아 주었다. 심지어 점심시간마저 훌륭했다. 반마다 식탁이 정해져 있어서 빈자리 찾아 헤맬 필요가 없었다. 아이들은 조용하고 느긋하게 점심을 즐겼다. 이런 안정적인 분위기에서 점심을 먹게 될 것이라고는 상상도 못했다. 단, 방과후학교 강사들에게는 수익성이 떨어져 인기가 없는 학교였다. 출근 시간은 30분이 앞당겨졌다. 길어진 출퇴근길만큼 음악 듣는 시간이 늘어났다. 음악에 빠져 있다 보면 10개의 감시 카메라를 통과하는 동안 아차 싶을 때가 있다. 황량했던 길에 봄이 터지니 가로수와 산의 색깔이 매일매일 달라졌다. 계절의 변화를 경이로운 눈으로 바라보았다. 수업을 마치면 교실에서 고요하고 외롭게 일만 하다가 집에 갔다. 오랜 친분을 쌓아온 교사들이 학교에 널려 있을 때는 왁자지껄 떠들거나, 수다를 떨거나, 속 깊은 대화를 나눌 수 있었다. 하지만 아는 사람 한 명 없는 낯선 학교에 온데다 해야 할 일까지 많았다. 내가 만날 수 있는 사람은 반 아이들 밖에 없었다. 학교가 작다 보니 교사의 업무량이 많아서 모두가 바쁘고 지쳐보였다. 교감 선생님도 교장직무 대행을 하다 보니 책상 앞에서 일어날 새가 없었다. 다들 일찍 출근하고 퇴근 시간은 언제가 될지 몰랐다. 그런데 나의 퇴근 시간은 예상했던 것보다 빨랐다. 외로운 신세다 보니 일만 하느라 새나가는 시간이 없었던 것이다. 생각지 못하게 일의 집중도가 높아졌다.

학부모 상담주간이었다. 학교운영위원회위원장을 맡고 계신 학부모님이 물어오셨다.

"우리 학교에 계셔보니 어때요?"

"작은 학교는 아이들에게는 참 좋고, 교사들에게는 힘드네요."

교사들은 작은 학교를 기피한다. 학교 규모와 상관없이 업무량은 모든 학교가 같기 때문이다. 사람 하나하나를 소중하게 여기려면 공동체의 규모가 작아야 한다는 것을 배웠다. 작은 학교에게는 학교 업무를 적게 주어야 한다. 그러면 학생과 교사 모두가 행복해질 것이다.

# 부진아와 부모

××××××××

학력 향상이라는 업무를 맡은 적이 있다. 부진아 지도가 주된 일이다. 업무 인수를 받고 보니 학교 예산뿐 아니라 구청에서 지원하는 예산도 있었다. 부진아를 구제하는 일은 쉽지 않다. 나머지 공부를 시켜 점수를 어느 정도 올려놓을 수는 있다. 상급 학년으로 올라가면 다시 부진아 명단 속에 재등장한다. 업무담당자는 고민에 빠진다. 책정된 예산은 써야 할 것이 아닌가? 그전까지는 예산의 대부분이 강사비로 지출되었다. 공부를 못하는 아이가 외부자극을 받고 변모되는 예는 보기 드물다. 부진아 반열에 올라 본 학생들은 나머지 공부 시간이 되면 도망치고 싶은 유혹에 시달릴 것이다. 학습 곤란을 겪는 학생은 단순히 머리가 나빠서가 아니다. 나는 학교 주변을 검색한 후 아동발달센터를 찾아냈다. 먼저 전화를 하고 퇴근길에 사무실로 찾아갔다. 초등학교 교사가 업무를 이유로 방문한 것이 의외였나 보다. 나는 소장님과 상담을 시작했다.

　나 : 아이들에게 부진한 과목을 가르치는 것과 상담활동을 동시

에 해 보고 싶어요.

소장 : 그게 좋지요. 공부를 못하는 아이들은 그럴만한 원인을 갖고 있거든요. 원인을 찾아서 개선 시켜주면 공부는 저절로 따라 오거든요.

나 : 학교에서는 이렇게 말할지 몰라요. 학력 향상은 안 시키고 느닷없이 뭔 상담을 하느냐고요.

소장 : 호호호. 맞아요. 그럴 수밖에요.

나 : 그래서 겉으로는 '학습클리닉'으로 가려고 합니다.

소장 : 그게 좋겠어요. 그런데 문제는 학습 부진의 원인은 아이에게 있지 않다는 것입니다. 부모님 상담이 동시에 이루어져야 합니다.

나 : 그것은 힘들겠는데요? 동의할 부모님이 과연 있을까요?

소장 : 아이만 상담하면 효과는 거의 없다고 보면 됩니다.

나 : 그럼, 담임 선생님들께 부탁을 해야겠습니다. 학교에서 주는 강사료가 적은데 괜찮으시겠어요? 지역사회를 위해 재능 나눔을 할 수 있는 기회를 드리겠습니다.

소장 : 호호호. 교육청 일을 해 본 적이 있어서 알고 있거든요.

돌아 온 나는 소장님과 메일을 통해 의견을 나눠가며 학습클리닉 운영에 대한 계획서를 썼다. 학생과 그 학생의 부모님을 세트로 묶어서 하는 소그룹 상담이었다. 오전에는 부모님과 상담을 하고 방과 후에는 학생과 상담을 하는 것이다. 예상대로 모집부터 난항이었다. 전업주부이며 학교 일에 참여할 수 있는 부모님 중에는 부진아가 나올 확률이 적다. 상담이 절실하게 필요한 가정일수록 학교 일에 무관심하다. 또한 먹고 사는데 바빠서 시간 여유가 없다. 우여 곡절을 겪고 나서야 상담 그룹이 만들어졌다. 드디어 첫 상담일이 되었다. 소장님은 상담을 도와 줄 대학원생과 함께 나타났다. 상담 실에 들어서는 부모님의 얼굴은 뿌루퉁했다.

"우리 아이에게 영재 상담이 필요하여 불렀다면 어깨를 펴고 왔을 텐데, 이게 뭐예요? 창피해서 얼굴을 들 수가 없잖아요."

"이렇게 와 주셔서 감사합니다. 나중에는 잘 왔구나 싶은 생각이 들 것입니다."

상담에 참여하는 학생 중 세 명은 센터에서 '풀 배터리' 검사를 받았다. 상담 회기가 지날수록 부모님들의 표정이 달라졌다. 마지막 회기에서는 검사 결과에 대해 소장님과 부모님의 1:1 피드백이 이루어졌다. 나는 궁금증이 생겨 부모님용 설문지를 만들었다.

"처음에는 담임 선생님 얼굴 봐서 오기 싫은 것을 참고 억지로 왔습니다. 강사님을 통해 내 아이의 행동을 이해하게 되었습니다. 잘 못된 양육방식은 하나씩 고쳐나갈 것입니다. 여러 부모님들과 이야 기를 나누면서 아이 키우기의 고충을 함께 나누었던 것이 좋았습니다. 끝나고 나니 상담 회기가 너무 짧게 느껴집니다. 다음에 또 이런 기회가 있으면 좋겠습니다."

모든 일정이 끝나니 소장님이 상담 결과를 보내 주었다. 나는 그 것을 학생들의 담임 선생님에게 보냈다.

# 자리 바꾸기

xxxxxxx

우리 반은 매달 마지막 날, 마지막 시간에 자리를 바꾼다. 이것을 알면서도

"자리 언제 바꿔요?"

라고 늘 물어오는 아이가 있다. 그것도 자신의 짝에게 들리도록 크게 외친다. 이런 아이들은 '비 호감 짝 리스트' 상위권에 들어있기 마련이다. 대놓고 짝에게 불만을 표현하는 아이들은 어느 짝을 만나도 평탄하지 못하다. 자리 바꾸는 날은 희비가 엇갈리는 날이다. 부러움과 동정심이 교차하기도 한다. 한 달이 행복 하느냐 아님 불행 하느냐가 결정되는 날이다. 나는 의도적으로 자리를 정해 주지 않는다. 아이들은 제비뽑기를 통해 자신의 자리를 뽑는다. 고학년이라도 남녀가 짝이 된다. 남학생과 여학생을 대각선에 앉게 배치한다. 같은 성끼리 옆에 앉거나 앞뒤로 앉으면 떠들 확률이 높아진다. 함께 앉았던 짝과 또 만나게 되면 다시 뽑게 한다. TV화면에 좌석표를 보여주고 자리를 뽑을 때마다 바로 이름을 입력해 준다.

아이들은 자신의 운명 앞에 굴복할 수밖에 없다. 자신의 짝이 누군지를 확인한 후 바로 같은 모둠에 누가 들어있는지 확인한다. 남녀 2명씩 모두 4명이 한 모둠이 된다. 짝이 누구일지도 중요하지만 같은 모둠 안에 일단 폭탄이 없어야 한다. 모둠끼리는 함께 공부하고, 놀이하고, 공동과제를 해결해야 한다. 기피대상 1호가 들어가 있는 모둠은 1년 내내 모둠활동이 잘 되지 않는다. 뭘 해도 망한다. 역할극을 하면 연습시간이 끝나도록 역할을 정하느라 티격태격한다. 심지어 과학시간에 하는 실험을 앞두고 실험기구를 누가 잡을 것인지를 가지고 싸운다. 정작 실험은 하지 못한다. 나는 그런 모둠 가까이 대기하고 있다가 바로 중재에 나서야 한다.

자리를 정하고 난 후 가끔 책상 위에 엎드려 엉엉 우는 아이가 생긴다. 당연히 여학생이다. 거물급 짝을 만난 것이다. 그러면 또 신기하게 그 아이의 울음을 그치게 해줄 구원 투수가 나타난다.

"선생님, 제가 무원이랑 앉을게요."

"진경이가 무원이랑 앉는다고?"

"네, 저는 무원이랑 앉아도 괜찮아요."

무원이랑 진경이가 함께 앉은 그 달은 어떻게 되었을까? 평온하게 지나갔다. 누구와 만나든지 마찰이 끊이질 않는 아이가 있고, 누구를 만나든지 그 사람과 편안하게 지내는 아이가 있다.

지훈이는 여학생들이 짝으로서 가장 만나기 싫어하는 아이다. 지훈이랑 앉게 되는 여학생은 한 달 내내 머리에서 곧 김이 나올 것 같은 표정이다. 하루는 5교시 수업종이 울렸는데 지훈이가 복도에 서 있는 채 교실에 들어오지를 않았다.

"우리 반 여학생들이 싫어서 교실에 들어가기 싫어요. 특히 제 짝이 힘들게 해요."

짝이 들으면 헛웃음이 나올 말이었다.

"지훈이가 여학생들한테 스트레스를 많이 받았구나! 그럼 책상 사이를 떨어뜨려 보자. 거리가 멀어지면 짝과 덜 부딪히겠지?"

나는 수업을 거부하는 지훈이를 계속 달래서 6교시에는 교실에 들어오게 하였다. 다음 날부터 우리 반은 짝의 개념이 없이 혼자 앉게 되었다. 모둠활동을 할 때만 서로 뭉쳤다. 시간이 지나다 보니 떨어뜨려 놓았던 책상 사이의 경계가 허물어지고 있었다. 특히 지훈이의 책상은 짝이었던 여학생의 책상과 다시 붙어 있었다.

아주 가끔 아이들에게 선심을 쓴다.

"내일 하루는 앉고 싶은 자리에 마음대로 앉아도 됩니다!"

# 새로운 학교가 제일 좋은 학교야

××××××××

오래전에 고등학교 친구와 이런 통화를 한 적이 있다.

"미야, 우리 언니가 ○○시로 이사 갔잖아. 그래서 조카도 전학을 갔거든. 새 학교가 맘에 안 든다며 학교 가기 싫다네? 언니가 이 일로 고민이 많아. 어떻게 해야 되니?"

"그럼, 언니한테 전학 한 김에 한 번 더 시키라고 해."

"뭐야, 전학을 또 시키라고?"

"조카한테 새 학교에 적응하라고만 하기는 무리야. 그 학교가 전에 다니던 학교에 비해 환경이 좋지는 않거든. 가까이에 ○○초등학교가 있어. 분위기가 전혀 다를 거야. 그 학교로 전학시키는 것이 나아."

얼마 후에 다시 전화가 왔다.

"언니가 너한테 고맙다고 꼭 전해달래! 조카가 ○○초등학교는 좋다면서 아주 즐겁게 다니고 있대!"

이렇게 친구의 조카에게 학교를 옮겨 다니게 했던 적이 있지만 전학은 몹시 조심스러운 일이다. 사교성이 뛰어난 아이는 언제 어느 곳으로 가든 잘 적응하고 새로운 사람들과 잘 어울린다. 그러나 성격이 내성적인 아이에게 전학은 큰 어려움을 불러 올 수 있다.

나는 6학년 여학생이 전학 오면 바짝 긴장한다. 남학생은 약간의 텃새만 이겨내면 새 환경에 잘 스며드는데 여학생은 쉽지 않다. 고학년 때는 전학이 드물기에 새로운 얼굴에 대한 호기심이 더 높아진다. 이반 저반 아이들이 전학 온 아이의 교실 유리창에 코를 박고 구경하면서 흥분을 감추지 못한다. 평소에 결속력이 강한 친구 관계가 없던 아이는 전학생을 순발력 있게 채가기도 한다. 연예인 못지않은 관심을 한 몸에 받았던 순간은 지나가고 전학 온 아이는 곧바로 새로운 일상에 적응해야 한다. 아이들이 새 등장인물에게 절대적인 호감을 보여주는 시간은 잠깐이다. 여학생은 전에 다녔던 정든 학교를 못 잊어 새로운 학교를 받아들이는 것에 머뭇거린다. 전 학교는 모든 것이 좋았고 바뀐 학교는 여러 가지가 이상하다는 시선을 갖게 된다. 어느 날 갑자기 자신의 의지와는 상관없는 낯선 곳에 와서 다시 뿌리를 내린다는 것이 쉽지 않다. 다시 돌아가고 싶지만 그럴 수도 없다. 부모님께도 전학은 선뜻 할 수 있는 일이 아니다. 이사를 가더라도 전학을 가지 않고 버스타고 통학하는 아이들이 있다.

6학년 5월에 전학 온 가희는 그 해 큰 홍역을 치렀다. 170cm가 훌쩍 넘는 여학생이 들어서자 아이들의 눈이 왕방울만 해졌다.

"우와, 선생님보다 훨씬 커요!"

가희는 다른 지방에서 엄마와 단둘이 살다가 엄마의 재혼으로 이사를 오게 되었다. 전학 온지 얼마 되지 않아 수학여행을 가게 되었다. 버스 좌석을 정하는 것에서 문제가 생겼다. 가희가 들어옴으로써 여학생 수가 홀수가 된 것이다. 여학생들끼리 가희가 혼자 앉아야 한다고 압력을 주었나 보다. 나는 여학생들 좌석은 제비뽑기로 정했다. '혼자서 여유롭게!'라는 쪽지를 세 개 준비했다. 그 쪽지를 뽑은 여학생은 하루씩 번갈아 가며 혼자 앉았다. 혼자 앉는 자리는 버스 가운데 배치하여 소외감을 덜 느끼게 하였다. 새로운 친구들과 새로운 가족들을 한꺼번에 받아들여야 했던 가희에게 불면증이 찾아왔다. 심각한 부적응 문제에 시달리던 가희는 학교 급식을 거부했다. 친구들과 함께 밥 먹는 시간조차 불편해 진 것이다. 나는 가희의 엄마와 전화 통화를 계속하면서 가희하고도 오랜 대화를 나누었다. 가희가 단식투쟁을 풀고 급식실로 가기 위해 교실을 나서던 날, 나는 달려가서 가희를 얼싸안았다. '고마워 가희야, 정말 고마워!' 가희는 졸업식 날, 내게 스케치북에 한 장씩 넘기도록 적은 편지와 직접 만든 꽃 카드를 주었다. 내가 학교를 옮기자 새로운 학교로 찾아왔다.

전학생이 오면 나는 잽싸게 새로운 자리를 준비해 주고 아이를 데리고 오신 부모님으로부터 최대한 많은 정보를 캔다. 그 시간이 부모님을 볼 수 있는 유일한 기회일 때가 있다. 새 번호와 신발장, 사물함을 알려준다. 칠판에 전학생의 이름을 적어 주고 반 아이들과 인사를 나눌 수 있게 한다. 내가 간단한 소개를 덧붙인다. 교과서를 새로 챙겨준다. (학교마다 달라지는 교과서가 있다.) 반 학생들의 사진과 이름을 적은 사진명부와 좌석표를 인쇄해서 준다. 전학생이 새 친구들의 이름을 빨리 익힐 수 있도록 하는 것이다. 가장 최근에 전학 경험이 있는 학생에게 며칠간 '학교 안내' 역할을 맡긴다. 그런 다음 매일매일 말을 걸면서 새로운 학교에 잘 건너오는 중인지를 확인한다. 부모님께는 학부모 SNS에 초대한다. 1주일쯤 지난 후에 새로운 친구에 대해 얼마나 알게 되었는지 알아볼 겸 전학생에 대한 OX 퀴즈를 풀기도 한다. 전학생이 오면 각 반 담임 교사들은 넌지시 물어온다.

"어때요?"

"음, 이 아이가 전학 가서 전 학교 담임 선생님의 수고가 한결 덜어졌을 것 같네요."

전학생을 맞이하는 만큼 전학을 보내게 되는 일이 생긴다. 먼저 새로운 학교로 보내야 할 서류를 꼼꼼하게 입력해야 한다. 헤어지기 직전에 아이들에게 작고 예쁜 편지지를 한 장씩 나누어 준다. 작별 인사를 쓰게 하는 것이다. 아이들과 나의 편지를 전학 가는 아이의 작품집 파일에 넣어서 건네준다.

"다녔던 학교는 이제 잊는 거야! 새로운 학교가 제일 좋은 학교라 생각해야 해! 새 친구들이 폭발적인 관심을 보여도 덥석 물지 않기!
잘 살펴보고 천천히 자연스럽게 스며들기를 바랄게."

# 시험보다 중요한 것

xxxxxxxx

시험이 며칠 앞으로 다가 올 때면 아파트 안 놀이터가 텅 비었다. 아이들은 주말에도 학원이나 공부방에서 시험공부를 해야 했다.

"선생님, 시험지가 인쇄가 안 되어 있어요. 바꿔 주세요."

주은이가 들고 나온 시험지는 멀쩡했다. 시험은 아이들을 긴장시키고 불안하게 한다. 나는 주은이와 잠시 얘기를 나눈 후에 다시 시험지와 만나게 했다. 시험 보는 날 아침이면 여기저기 초콜릿을 나누어 먹는 모습이 보인다. 한 시간 한 시간 시험이 끝날 때마다 아이들끼리 답을 물으며 환호성을 지르거나 탄식을 쏟아내기도 한다. 시험이 끝나면 잘 보았든 못 보았든 해방감에 환호성을 울리며 PC방이나 노래방에 몰려가는 아이들이 있었다. 시험 다음 날이면 성적을 공개하지 않아도 온 동네에 누가 전교 1등인지 소문이 나 있었다. 시험 결과에 따라 새 핸드폰이나 게임기가 생기는 아이가 있었다. 아이들은 수행평가에는 관심이 없었다. 중간, 기말고사 결과가 생활기록부 어디에도 입력되지 않음에도 말이다. 시험지 채점을 하다 보면 아이들 머리 위에 점수가 둥둥 떠다니게 된다.

'에구, 맞는 답을 왜 고쳐서 틀렸을까?'

'아는 체를 하더니 아는 건 없군.'

'귀에 못이 박히도록 강조를 해서 우리 반이 다 맞으면 어떻게 하나 했더니 괜한 걱정을 했네. 죄다 틀렸잖아?'

'이 창의적인 오답은 어떤 머리에서 나오는 것일까?'

'이런, 반 평균을 확 깎아먹는구먼!'

그러다가 아이들을 성적으로 바라 볼 일이 없어졌다. 교육감이 바뀐 후 가장 큰 변화는 중간, 기말고사가 사라진 것이다. 아이들은 시험에서 벗어났다. 교사들은 매우 까다로운 작업이었던 시험문제 출제를 하지 않게 되었다. 시험이 없으니 반 별로 반 평균 내서 비교할 일이 없어졌다. 시험을 안 보게 되어 좋아하는 아이들과 달리 부모님들은 애가 탔다.

"시험을 안 보게 되니 공부를 더 안 하네요."

"우리 아이가 어느 정도 하는지를 모르겠어요."

"중학교 가서 잘 따라 갈지 걱정이에요."

나는 부모님들의 걱정을 덜어드리기 위해 교과 단원이 끝날 때마다 치르는 단원평가 결과를 모아 놓았다.


나 : (전화를 받으며) 응, 언니. 나 지금 바쁘니까 나중에 다시 걸게.

언니 : 뭐 하느라 바쁜데?

나 : 시험이 없어졌잖아. 그래서 교과 단원평가 결과를 가지고 아이들마다 개인 성적표를 만들고 있거든.

언니 : 너만 그런 거 만들고 있는 거 아니야?


모든 단원평가마다 맞았던 점수를 적고 마지막에 한 학기 평균을 적어 주었다. 어쩌다 치르는 중간, 기말고사보다는 매 단원 치르는 단원평가 결과가 오히려 교과 성적을 더 정확하게 알게 해 주지 않을까? 이렇게 만든 개인 성적표를 통지표 안에다 끼워서 방학식 하는 날 나누어 주었다.


시험 없이 6학년을 보냈던 아이들은 중학교에 가더니 파리해진 얼굴로 찾아왔다.

"시험보기 정말 힘들어요. 중학교는 시험을 며칠씩 보잖아요."


새 학기마다 치르는 부진아 판별용 진단검사는 매우 간단한 시험이다. 기초적인 내용만 묻고 쓰는 문제도 없다. 시험이 기억에서 멀어진 세대의 아이들은 그조차도 끙끙대며 억지로 풀어낸다. 엄숙한 분위기에 불안감이 높아졌는지 잠자고 있던 틱 증상이 살아나기도 했다.

"시험보기 힘들죠? 선생님이 학교 다닐 때는 월말평가라고 매달

시험을 봤어요."

아이들은 나를 구석기시대 사람인양 쳐다본다. 시험이라는 평계가 없으니 아이들을 붙잡고 윽박지를 무기가 없다. 시험을 안 보니 아이들의 학력이 떨어졌다고 아우성이다. 나는 앞으로도 아이들이 시험에 시달리지 않기를 바란다. 교육감이 바뀌었다고 시험이 부활하는 일은 안 생겼으면 한다. 아이들은 충분히 놀아야 한다. 배움에 대한 순수한 기쁨을 알게 하는 것이 먼저다. 누구나 필요한 공부가 생기면 죽자 사자 하게 되어 있다. 시험에 필요한 공부는 그쪽에 소질이 있는 사람만 하면 된다. 공부로 성공할 사람만 하면 된다. 교과서를 지금보다 훨씬 쉽게 만들어야 한다. 꼭 알아야 하고 꼭 필요한 지식만 학교에서 가르쳐야 한다. 경쟁하기 위해 머릿속에 가득 집어넣는 그 지식들이 우리에게 무엇을 가져다주었을까? 가방 줄을 늘려 주는 '대학교 장사'를 하는 나라로 만들어 준 것은 아닐까? 학력이라는 타이틀 없이 사람 한 명 한 명이 교양 있고 상식을 갖춘 나라가 되었으면 좋겠다. 학원가는 대신, 입시경쟁에 시달리는 대신, 아이들이 지칠 때까지 놀고 도서관을 놀이터 삼아 자라길 바란다. 외려 시험공부만 많이 한 아이보다 더 나은 사람이 되지 않을까?

# 자는 아이들

×××××××

초등학생이 수업시간에 잔다고? 그렇다. 6학년 우리 반에서 매일 이다시피 볼 수 있다. 우리 반 아이들은 새 학기 첫날부터 잤다. 새 담임 선생님 간 보는 시간은 기껏 두어 시간이었다. 눈꺼풀이 무거워 고개를 꾸벅거리며 졸더니 아예 책상 위에 엎드려 자는 것이다. 처음 보는 광경이라 내가 받은 충격이 컸다. 이 아이들은 작년에도 수업시간에 잤다고 한다. 한 명이 아니고 무려 6명의 학생이 수업시간을 수면시간으로 활용한다. 그중 5명이 여학생이다. 깨워도 소용없다. 억지로 허리를 세워 놓으면 몸을 가누지 못하고 푹 고꾸라진다. 체육시간에 잠깐 설명을 듣는 동안 강당 바닥에 누워 버린다. 간밤에 아이들에게 무슨 일이 있었단 말인가? 짐작대로 스마트폰이었다. 새벽 3시가 넘도록 게임이나 채팅을 했던 것이다. 수면시간을 확보하기 위해 부모님께 부탁을 드렸으나 여전하였다. 왜 이런 일이 생기는 것일까? 낙후된 지역에 살고 있는 학생들에게서 나타나는 양상도 세월 따라 달라지나 보다. 예전에는 학군 안 좋기로 소문난 학교 아이들은 단지 거칠었다. 물건이나 돈이 없어지는 일이 잦았다. 사고를 많이 쳐서 수습하기 바빴다. 성(性)에 입문하는 시기가 빨랐다.

그럼 요즘 아이들은 어떨까? 그저 무기력하다. 배우는 것에 의욕이 없다. 스마트폰이나 컴퓨터 게임 의존도가 높다. 집에서 아이들만 있는 시간이 많다. 여학생들은 화장을 해야 안심을 한다. 수업시간에 눈빛이 멍하다. 질문을 하면 대답이 없다. 소리 내어 책을 읽게 하면 몇 쪽인지 모른다. 줄임말이나 은어를 많이 사용한다. 아이들이 쓴 글은 단어를 검색하며 읽어야 한다. 하이코미디가 아닌데 웃지 않는다. 내가 쓰는 말이 고급 어휘가 아닌데 못 알아듣는다. 발음이 비슷한 다른 아는 단어로 바꿔듣는다. 국어시간이 되면 국어 싫은데 한다. 수학시간이 되면 수학은 더 싫은데 한다. 사회시간이 되면 아예 책상에 엎드려 잠을 잔다. 그중 가연이가 가장 심각했다. 수업뿐 아니라 수행평가마저 거부했다. 하고 싶으면 하고, 수틀리면 자버렸다. 나는 Wee센타 상담사에게 가연이를 위한 도움을 구했다. 상담사는 문제의 원인을 가정에서 찾았다. 나는 가까운 상담센터를 물색하여 가연이를 부탁했다. 센터에서는 부모님 동의 없이는 상담이 이루어질 수 없다고 한다. 가연이 엄마, 아빠 두 분에게 장문의 메시지를 보내 상담 취지를 설명하고 상담을 권해드렸다. 두 분 모두 답이 없었다. 나중에 가연이에게 들으니 학교에서 제대로 못한다고 아빠한테 맞았다고 한다. 엄마는 방임, 아빠는 폭력! 나는 궁여지책으로 상담사가 교실에 와서 진행하는 집단 상담을 요청했다. 그것은 학부모 동의가 필요 없으니까. 수업시간마다 나는 아이들에게 왕따를 당하는 기분이 들었다. 아이들의 반짝이는 눈빛과 표정을 먹고 살아가는 교사에게는 치명타가 아닐 수 없다. 가만히 지켜보니 아이들이 졸지 않는 시간은 미술과 체육시간밖에 없다. 나는 수업 중에 가급적 교사의 설명을 뺐다. 자장가를 제공하는 셈이었으니까. 인터넷을 검색하여 미술 자료를 잔뜩 샀다. 미술이나 실과시간마다 아이들 손에 만들 거리를 쥐어 주었다. 실을 감아 걱정인형을 만들었다. 펠트공예로 간단한 생활용품을 만들었다. 염색용 펜으로 파우치와 에코백을 꾸몄다. 건빵을 활용하여 작품을 만든 다음 남은 건빵은 먹게 했다. 쉬는 시간이면 다른 반 아이들이 창문을 기웃거렸다. '쟤네들은 만날 뭘 저렇게 열심히 하나?'

"선생님, 이거 우리 반만 하는 거예요?"

"응. 우리 반만 하는 거야."

"왜요?"

"우리 반이 미술을 좋아 하잖니."

'너희가 손이라도 움직여야 잠을 안 자잖니?'

아이들을 가만히 있지 못하게 했다. 책상 배열을 여러 형태로 바꾸게 했다. 모둠끼리 함께 해결해야 하는 과제를 내주었다. 놀이를 중간 중간 많이 넣었다. 그럼에도 가연이는 머리 위에 후드티를 뒤집어쓰고 엎드려 있었다. 외부 강사가 와서 신나게 떠들어도 고개를 들지 않았다. 무대뽀라 속수무책이다. 그 와중에 공개수업을 해야 할 날이 다가왔다. 공개수업은 6교시에 잡혀 있고 과목은 사회였다. 우리 반 학생들이 잠자기에 딱 좋은 조건이었다. 공부할 주제는 4.19혁명이었다. 내 수업목표는 오직 아이들을 재우지 않는 것이었다. 설거지를 하는데 머리를 스치고 지나가는 것이 있었다. '그래. 시위 장면을 재현하는 거야!' 역사를 죽도록 싫어하는 아이들을 역사 현장으로 데려가 보는 것이다. 혹시 자료를 찾을 수 있을까하여 초등교사 커뮤니티를 뒤졌다. 없었다. 그도 그럴 것이 아이들에게 데모를 시키는 꼴통 교사가 나 말고 또 있겠는가? 수업결과는어땠을까? 아이들은 부패한 정권을 몰아내기 위해 온 힘을 다했다. 머리띠를 두르고 현수막을 만들었다. 총을 들고 시위대를 진압하는 역할극을 만들었다. 교실을 행진하며 가두시위를 벌이는 모둠도 있었다. 결국 이승만 대통령은 하야 할 수밖에 없었다. 수업이 끝나자 참관한 교감 선생님께서 웃으며 말했다. "재미있었어요."

　"집에서 안 자고, 학교에 와서 자는 아이들을 어떻게 해야 하나요? 교사의 힘으로 해결 못하는 문제는 집에서 관심 가져 주어야 합니다." 나는 동네 앞에서 손 팻말 들고 시위라도 하고 싶은 심정이다.

## 수학맹

✕✕✕✕✕✕✕✕

특정 교과시간이 되면 눈빛이 살아나는 아이가 있다. 반대로 시무룩해지는 아이도 꼭 있다.

"선생님, 수학이 싫어요!"

"수학은 죄가 없단다. 가장 재미있는 과목이기도 하고."

그 수학이 내 발목을 잡았다. 그것도 아주 오랫동안.

결석이 많았던 초등학교 1학년, 시험지는 내게 암호 해독이었다. 수학은 그나마 시험지만 보고도 뭔 내용인지 알 수 있어서 바로 해결할 수 있었다.

'수학은 쉽고 만만하구나!'

초등학교 4학년, 내 통지표를 읽으시던 아버지의 표정이 어두웠다. 담임 교사 의견란에 '수학과목에 치중해 주십시오.'라고 적혀 있었다. 그 만만했던 수학이 돌아 선 것이다. 아버지께서 내게 벼 가마니를 수매하기 위한 계산을 요구하셨다. 급히 종이와 연필을 찾자

"그 정도는 암산으로 해야지!"

나는 두 자리 수가 넘어가면 당연히 종이에 적어 계산해야 하는 줄 알고 있었다.

계산을 마치고 금액을 말씀 드리니

"계산 시간이 왜 그렇게 오래 걸려?"

내게 수 개념이 부족하다는 사실을 처음 알게 해 준 아버지를 그때부터 슬금슬금 피했다. 언제 어느 때 계산 문제를 들이밀지 모르기 때문이다.

중학교 2학년, 월말고사가 끝나고 수학 선생님께서 긴 막대를 들고 서서

"틀린 한 문제당 한 대씩 맞겠다!"

내 차례가 되었다. 손바닥을 내밀었다. 기껏해야 두어 대 예상했는데 내리치는 막대가 계속 이어졌다. 놀라서 선생님을 쳐다 보았다. 선생님은 내 손바닥만 보며 계속 때리셨다. 교실 안이 술렁거렸다. 한참 후 매 타작이 끝나고

"왜 내 과목만 100점이 아닌 거야? 너는 10배야!"

그때부터 수학 선생님의 수업이 내 귀에 들리지 않게 되었다. 모든 학생들이 숨 넘어갈듯 까르르 웃을 때 나만 무표정이었다. 내 주위에 투명한 벽이 둘러쳐져 있어서 선생님의 목소리가 들리지 않았다.

고등학교 3학년, 그 수학을 손에서 내려놓았다. 엄마는 한숨을 쉬셨다.

"다들 주산학원 다닐 때 너도 보내야 했는데…."

모의고사를 볼 때면 시험지는 펼치지 않고 OMR카드에 그날그날 느낌 때로 찍었다. 잘 찍은 달은 전교 등수가 확 올라갔다.

대입시험을 코앞에 두고 수학 선생님께서 부르시더니

"안전한 길로 가자. 내가 지난 10년 치 통계를 내 볼 테니 가장 많이 답으로 나왔던 번호 한 개만 찍어야 한다."

문제는 사회과목에서도 생겼다. 자신만만했던 사회가 경제 분야에서는 수학 비슷한 분위기를 풍기는 것이었다. 급기야 사회시간에도 자게 생겼다. 큰일이었다. 모의고사 시험지를 들여다 보다 사회를 제쳐 놓고 세계사를 풀어보았다. 만점이었다. 선생님들께서 동요하셨다. 교과시간 배정도 안 되어 있는 세계사를 수학 전교 꼴찌인 학생이 선택과목으로 해 버린 것이다. 학교에서는 선택과목으로 세계사를 희망하는 학생을 조사하게 되었다. 야간 자율학습시간에 '세계사 특강'이 시작되었다. 7명의 학생들이 모였다. 행복한 표정이었다. 몇 달 동안 이어진 수업에서 결석한 학생은 없었다. 느닷없이 한밤에 수업하게 되신 세계사 선생님도 피곤한 기색이 없었다.

학력고사를 보던 날, 수학시험지를 받고 단숨에 마킹한 다음 엎드려서 잤다. 예상대로 시험 감독하시던 분의 황당해 하는 눈길이 느껴졌다. 한숨 자고 일어나 맑아진 머리로 세계사 시험지를 풀었다.

수학시간을 겨우 버텨내고 해방을 맞나 했다. 그런데 교대에도 수학이 기다리고 있었다. 무려 3학점이었다. 시험 직전에 친구가 개인과외를 해 주었다. 학력고사 수학 만점자였다. 그럼에도 잔인한 F학점이 나왔다. 대학 4학년, 졸업하려니 재수강을 해야 했다. 그 사이에 문제가 생겼다. '교양수학'과목이 2학점짜리가 된 것이다. 이 사태를 어떻게 해야 하는지 학적과에 가서 물었다. 1학점짜리 과목은 없으니 2학점짜리 다른 과목을 한 개 더 수강하는 수밖에 없다고 한다. 한마디 더 들었다.

"교대가 생긴 이후 학점이 초과된 학생은 네가 처음이다."

모자라는 1학점을 채우기 위해 들었던 수업이 '미학'이다. 강의실에 낯선 시간 강사가 들어왔다. 교재는 '서양미술사'였다. 이런, 세상에나! 교대에서 들었던 수업 중 유일하게 재미있었다.

수학의 난관을 딛고 어렵게 졸업장을 받았는데 발목은 계속 잡혔다.

발령을 받고 나니 이번에는 수학을 가르쳐야만 하는 것이다. 학교 감사가 있던 날, 중요한 업무하고는 아무 상관이 없는 병아리 교사가 감사실에 불려갔다. 어리둥절해 있는 나에게 감사관이 우리 반 생활기록부를 펼쳐 보여주었다.

"이 학생이 5학년 2학기에는 수학점수가 '수'였는데 6학년 1학기에는 '가'가 나왔네요?"

"수학공부를 안 했나 보죠?"

"선생님의 수학 교수법이 부족하다는 생각은 안 해봤어요?"

감사실에 그런 이유로 불려갔다는 교사는 들어 본 적이 없다.

해마다 학년 배정을 새로 받으면 수학책과 수학익힘책을 챙겨 집으로 온다. 연필을 들고 열심히 풀어 본다. 풀다 보면 수학만큼 재미있는 과목이 없다. 아침에 일찍 출근하여 그날 수학시간에 공부할 내용을 다시 살펴본다. 계산 시간이 늦는 아이를 재촉한 적이 없다. 풀기만 하면 된다. 머리에 쥐가 나는 복잡한 계산은 계산기를 꺼내게 한다. 우리 반 수학시간은 조용하지 않다. 물어보고 서로 가르쳐 준다. 좀 더 친절한 친구를 찾아 일어나서 원정에 나서는 아이도 있다. 반 평균을 보면 우리 반 수학점수가 특별히 낮지는 않다. 잘 한다고 잘 가르치는 것은 아닌가보다. 그러나 내가 수학맹이라는 사실은 우리 반에게는 비밀이다. 말한다고 믿지도 않겠지만.

# 앞으로도 숙제는 없다

××××××××

"선생님, 오늘 숙제가 뭐예요? 아이한테 숙제 다 했냐고 물어보면 숙제가 없대요. 알림장을 제대로 안 쓰나 봐요."

"숙제 안 내줬는데요?"

방학식이 있는 날은 숙제가 적힌 인쇄물을 나누어준다. 다 빼고 일기쓰기만 해 오라고 했다. 1주일에 1번. 한마디 덧붙였다.

"읽는 선생님을 생각해서 조금만 쓰세요. 1박 2일 동안 일기장 읽다 보면 눈이 빠져요."

아이들은 선생님의 노안을 생각해줄 줄 아는데 정작 부모님들께서 안절부절 못하신다.

개학하기 직전에 부모님들께 문자메시지를 보낸다.

'숙제를 안 챙겨도 되니 가벼운 마음으로 학교에 오기를 바랍니다.'

직접 찾아와 숙제가 없는 이유를 묻는 분도 계시다. 내 대답은 한결같다.

"학교에서 다 하는걸요. 특별히 숙제로 내주길 원하는 거라도 있나요?"

학생으로서 학교를 다녔을 때 나는 숙제를 해 간 기억이 없다. 그것 때문에 방과 후에 남은 적이 있었다. 숙제검사에 걸려 야단도 맞았을 것이다. 학교에 가는 아침이면 발걸음이 무거웠다. 일요일 어스름에는 내일 학교 갈 생각에 마음도 함께 어두워졌다. 하지 않은 숙제 생각이 났으리라. 나는 숙제가 싫다. 아이들에게 숙제를 내주지 않는다. 그런 줄도 몰랐다. 매년 부모님들께서 그 얘기를 하셔서 내가 그런 교사라는 것을 알았다. 앞으로도 숙제는 없을 것이다. 따로 숙제 해 올 만한 것을 못 찾겠다. 숙제가 없으면 숙제검사 할 일이 없다는 좋은 점이 덩달아 따라온다.

# 교장 선생님

×××××××

공무원연금법이 개정되던 무렵이었다. 직원회의의 마지막 마이크 주자는 교장 선생님이다.

"교원단체에 가입되어 있지 않은 선생님들은 가입하세요. 연금법 개정을 막기 위해서 교원단체에서 노력하고 있는 거 알죠? 우리가 힘을 실어 주어야 합니다. 가입하지 않고 가만히 있는 것은 무임승차하는 겁니다. 신청서는 교무실에 두겠습니다."

나는 10년 넘게 전교조에 속해 있다가 탈퇴한지 얼마 안 되는 때였다. 며칠 후부터 교무부장 선생님을 통해 압력이 시작되었다. 교원단체 가입현황을 조사해 가더니 언제 가입할 것인지 묻는 메신저가 왔다. 계속 모른 척 했더니 전화가 왔다.

"선생님만 남았어요."

교무실에 볼일이 있어 갔더니 또 그 얘기다.

"가입할 생각 없습니다. 교원단체 가입은 교사들의 자유의사에 맡겨야 하지 않겠습니까?"

그 말을 듣더니 곁에 계시던 교감 선생님까지 나서서 내가 얼마나 생각이 부족한 교사인지를 일깨워 주며 설득을 하셨다.

"그것도 교사들이 알아서 판단할 일입니다. 학교 관리자가 이러한 일을 할 수 있는 권한은 없습니다."

집에 왔더니 이 일을 두고 나보다 더 전전긍긍하는 사람이 있었다.

"제발 가입해."

"탈퇴한 곳을 왜 다시 가입해?"

"그럼, 교총이라도 가입해."

"회비 아깝게 그런 곳에 왜 가입해?"

"회비는 내가 줄게. 그러다 학교에서 찍히면 어떻게 해?"

"찍히면 어때? 그들이 날 고용한 것은 아니잖아? 나처럼 점수가 필요 없는 교사한테는 휘두를 무기가 없어. 나는 그들을 존중할 뿐 존경하지는 않아. 내가 학교 안에서 잘 보여야 할 사람은 우리 반 아이들밖에 없어."

나는 여전히 무임승차중이다. 내 연금이 언제 나올지, 얼마나 나올지 모른다. 이럴 줄 알았으면 개인 연금을 들어둘 걸.

위에 등장하는 교장 선생님이 승진하여 첫 발령받은 곳이 우리 학교였다. 새 교장 선생님을 본지 얼마 되지 않아 아이들이 술렁거렸다.

"선생님, 이번에 오신 교장 선생님은 이상해요."

"무엇이 이상한데?"

"우리가 인사를 하면 안 쳐다봐요. 작년 교장 선생님은 인사를 잘 받아주셨거든요. 아침이면 교문 앞에 서서 하이파이브도 해 주셨어요."

이럴 때 교사는 무슨 말을 해 주어야 할까? '우리나라는 저런 사람도 교장이 될 수 있구나!' 싶은 생각이 자꾸 들었다. 학교 승진제도라는 것이 가게 포인트 적립하는 것하고 무슨 차이가 있을까 싶었다.

"학교가 작은 왕국이라는 생각이 들어요."

"교장 선생님은 왕이지요."

"우리에게는 그렇다 치고 학교 밖에 나가면 어떻게 보일까요?"

"지나가는 동네 할아버지죠 뭘."

사람은 무엇에든 관심이 있기 마련이다. 아이들한테 관심이 없던 그 교장 선생님은 학부모와 어울리는 것만 좋아했다. 그분과 각별하게 지냈던 학부모의 자녀가 우리 반에 있었다. 교장실에 불려가 아이에 대한 브리핑을 한 적이 있다. 학교운영위원회 협의가 끝나면 교장 선생님과 운영위원회 위원들은 회식을 가졌다. 2차로 노래방을 가기도 했다. 그전까지 나는 학교운영위원회를 심의기구로 알고 있었다. 2학기가 되자 학부모 간담회라는 행사를 만들어 전교사와 참석 가능한 학부모를 음식점에 모았다.

"내가 일찌감치 이런 자리를 마련해야 했는데 늦었습니다. 사람은 술을 마셔야 친해집니다. 자 술을 따릅시다."

나는 이날, 학교 예산으로 술을 마실 수 있다는 것을 처음 알았다. 교사 배구 대회를 치를 때는 학부모 응원부대가 대거 출두했다. 교장 선생님을 응원하는 현수막까지 제작해서 왔다. 교장 선생님의 얼굴에 꽃이 피었다. 대회가 끝나자 선수와 응원단 모두 음식점으로 갔다. 취기가 오른 문제의 그 학부모께서 내 볼에 입을 맞췄다. 식사가 끝나자 식탁을 밀어내고 노래방 기계를 틀었다.

왕으로 군림했던 무 개념 교장 선생님은 정년퇴임을 1년 남짓 앞두고 별안간 학교에서 모습을 감췄다. 병가내고 사라지더니 바로 사표를 냈다. 한때 우리 반 학부모이기도 했던 그분이 친 덫에 걸려든 것이다. 교무실에서는 교사들에게 함구령을 내렸다. 나는 다른 학교 선생님들로부터 호기심 어린 질문을 받아야 했다. 최고결재권자가 없는 공백 기간이 생겼다. 학교는 아무 일 없이 평화롭게 굴러갔다. 결재자가 한 명 줄어드니까 업무 진행이 더 빨라졌다. 그러면서 고개 드는 의문점.

'교장 선생님이 없으니 더 좋은걸? 학교에 승진제도가 꼭 필요한 것일까?'

여태까지 승진을 준비해 온 교사들에게 맞아 죽을 소리지만 무식한 나는 이렇게 말한다.

'학교를 살리려면 승진이라는 개념 자체를 없애라.'

십여 년 전, 교사들끼리 모인 자리에 한 선배가 학교의 부조리에

대해 불만을 털어 놓았다. 그러자 더 나이 많은 선배가

"그러니까 네가 교장이 되어서 학교를 바꾸면 되잖아!"

그렇게 말한 선배는 꽤 젊은 나이에 교장 선생님이 되었다. 오늘도 열심히 학교를 바꾸고 있으리라 믿고 있다.

전 교장 선생님의 사표가 처리되고 새로운 분이 오셨다. 학교가 딴판이 되었다. 이른 봄에 논을 갈아엎듯 뒤집어졌다. 교장 선생님은 오시자마자 학교를 둘러보고 또 둘러보았다. 잠금장치가 불량했던 화장실 문이 고쳐졌다. 그동안 고쳐달라고 행정실에 알려도 들은 척 만 척이었다. 학년 협의실에 수도시설이 들어오고 냉온정수기가 설치되었다. 전 교장 선생님께 개수대 설치를 건의했을 때는 수도관을 끌어올 수 없어 공사 불가라는 대답을 들었다. 아이들이 매달리는 울타리에 아크릴로 제작된 위험 표지판이 깔끔하게 붙어 있었다. 아이들이 올라가 노는 급식실 창문 턱에도 붙어 있었다. 그전에는 안전담당 교사인 내가 코팅해서 붙였다. 그러다 보니 조금 지나면 표지판이 너덜 해지곤 했다. 화장실에 물건을 올려 둘 선반이 생겼다. 남학생 화장실 소변기에는 사생활을 존중하는 칸막이가 설치되었다. 비데도 등장하였다. 비가 오는 날은 교문을 유심히 보셨다. 땅이 꺼져서 비가 올 때마다 물이 고이는 곳이 있었다. 아이들의 발이 젖을 수밖에 없었다. 포장공사를 하고 나니 물이 고이지 않았다. 맑은 날은 괜찮은데 비가 오는 날은 교문에서 병목현상을 빚었다. 우산 때문이다. 교문을 일부 가로막은 지킴이 초소 건물

을 한쪽으로 옮기는 대공사가 시작되었다. 보행자 통로가 넓고 시원하게 바뀌었다. 일일이 열거할 수 없을 정도로 크고 작은 변화가 일어났다. 한 사람의 힘은 강하다. 교장 선생님이 학교에 끼치는 영향은 매우 크다.

교사들은 몇 년마다 학교를 옮겨야 한다. 교통이 안 좋던 시절에는 구석진 학교로 발령 나면 유배 가는 심정이었다. 지금은 좀 다르다. 교사들의 지원이 몰리는 학교는 관리자에 대한 평판이 좋다는 의미이다. 소문이 나빠 지원 미달이 된 학교는 신규 교사나 타시도 전입 교사의 발령지가 된다.

배구를 좋아하는 교장 선생님이 오면 배구 잘하는 교사는 날개를 달게 된다. 배구를 잘해서 초빙 교사로 모셔지는 경우가 있었다. 전기요금 많이 나온다며 교실은 찜통 더위에 시달려도 배구하고 있는 체육관은 에어컨이 빵빵하게 돌아갔다.

동호회 활동을 하던 시절 행장실장이었던 한 회원과 어쩌다 얘기를 나눌 일이 있었다. 근무하던 학교에서 관외 내신을 내서 학교를 옮긴 직후였다. 행정실장의 고충을 알게 된 날이었다. 전에 있던 학교는 학군 좋기로 유명했는데 예우차원에서인지 정년퇴임을 1년 앞둔 교장 선생님이 주로 발령 받아 오는 곳이라 했다. 재임기간 내내 학교 여기저기를 뜯어 고치는 공사만 했다고 한다. 보내고 났더니 또 정년퇴임을 1년 앞둔 교장 선생님이 오셨다고 한다. 이분은 전 교장 선생님이 공사했던 것을 뜯어내고 더 큰 공사를 벌였다고 한다. 퇴임 전에는 의례적으로 하는 감사를 받는다. 이 행정실장은 교장 선생님의 돈거래를 암시하는 서류를 따로 제출했다. 그 교장 선생님은 훈장 수여에서 제외되었고 행정실장은 벌점을 받아 승진하는데 불리해졌다. 그 일 이후 학교를 옮겼다고 했다. 왜 내가 얼굴이 붉어졌을까? 학교에 몸담고 있는 사람으로서 매우 창피함을 느꼈다. 본인의 불리함을 감수하고 서류를 내놓은 그 용기에 감탄했다.

"그럼, 옮긴 학교는 괜찮나요?"

"피해서 멀리까지 왔는데 이 학교도 공사 중이에요."

학교는 공사 중! 쓸쓸하게 웃으며 헤어졌다.

나는 승진 준비를 하면서 동시에 아이들도 열심히 돌보는 교사는 몇 명밖에 못 보았다. (몇 명에 불과한 그들도 그러다 병난다.) 승진하려면 눈에 불을 켜고 점수를 쌓기에도 힘든데 교실에서 이리 뛰고 저리 뛰는 아이들까지 돌볼 여력이 있겠는가? 때에 따라 아이들은 학교 업무를 하는데 방해되는 장애물이거나 아니면 현장 논문을 쓰기 위해 필요한 대상이 될 수도 있다. 동료들로부터 갖은 욕을 얻어먹어 가면서 점수를 채운 교사가 어느 날 짜잔! 하고 교감 선생님이 되어 나타난다. 그때부터는 넙죽 엎드릴 수밖에. 신기하게도 자리가 바뀌면 사람이 달라진다. 교사이다가 관리자가 되면 인격 변형을 불러 오나 보다. 그러한 식으로 승진하게 되면 그 줄에 서 있는 미래의 승진 대기자를 어떻게 다루어야 하는 줄 안다. 그 줄에서 떨어져 있는 무능한 사람은 '투명인간'이 된다. 재직기간 내내 내 이름조차 몰랐던 교장 선생님도 계셨다. 어떤 친절하신 관리자들은 승진 점수에 대한 컨설팅을 해 준다며 특강 시간을 마련하기도 한다.

학교는 교사, 교감, 교장 이렇게 세 단계가 있다. 일반 직장이나 군대에 비하면 매우 단순하다. 부장이라고 불리는 보직 교사는 해마다 직책이 달라질 수 있다. '평교사'라는 말도 사용된다. 이 '평'이라는 글자가 평민을 뜻하는 글자와 똑같다면 나는 그 말에 문제가 있다고 본다.

한 교장 선생님이 교장실에 찾아 온 한 평교사의 건의에 이렇게만 답했다.

"감히 일개 평교사가 교장한테 직접 찾아와?"

평교사는 부장 교사에게, 부장 교사는 교감에게, 교감이 교장에게 말하라는 뜻이다. 그 과정에서 걸러지거나 잘리면 할 수 없고.

교사로서 정년퇴임하는 분은 오래전에 딱 한 번 보았다. 정년퇴임은 주로 교장 선생님들의 몫이다. 정년퇴임식에 가서 보면 외부 손님 소개가 끝없이 이어진다. 교장 선생님 일대기가 파노라마처럼 펼쳐지며 축하 연주가 뒤를 잇는다. 그와는 대조적으로 정년퇴임식을 거절하신 교장 선생님이 있었다. 교사들이 저녁이라도 함께 하자고 설득하였다. 교장 선생님 몰래 이벤트를 준비했다. 흥겨운 춤과 노래, 연주, 영상 메시지를 선보였다. 조촐하고 멋진 축제가 되었다. 교장 선생님이 나가실 때는 전 교사가 출입문까지 두 줄로 늘

어섰다. 그 사이를 지나는 교장 선생님께 박수를 치며 배웅하였다. 그 교장 선생님에 대한 평가도 사람마다 다를 수 있다. 그러나 그런 분을 다시 만난다는 것은 별을 따다가 그대 두 손에 바치기 보다 더 어렵다는 것을 인정할 것이다.

나는 학교에서 승진제도가 사라지기를 바란다. 그로인해 학교가 무너질 일은 절대 생겨나지 않는다. 다만 승진이라는 고지를 향해 죽어라 일했던 교사들의 거센 시위로 학교가 문을 닫는 일은 생겨날 수 있다. 학교를 국가 기관의 모세혈관으로 분류해 놓고 점수를 이용해서 교사를 움직이려 해서는 안 된다. 학교는 민주적이어야 한다. 포인트 쌓는 곳이 아니어야 한다. 책임을 지워주면 면피할 대책만 발달시킨다. 권한을 주면 권력으로 착각한다. 학교 관리자는 감독의 개념이 아닌 지원이라는 의미로 바뀌었으면 좋겠다. 학교 행정만 전문으로 하는 사람이 생겨나도 좋겠다. 교사가 교감이 되고, 교감이 교장이 되는 것이 당연하지 않을 수도 있다. 학교운영 결재권자를 교사 중에 선출하면 어떨까? 또 돌 맞으려나?

학교 안에서 나에게 가장 편안한 사람은 '감'자나 '장'자가 붙지 않은 선배 교사들이다. 그들의 눈은 항상 아이들을 향해 있다. 그들의 교실은 내게 끊임없는 감탄과 존경심을 불러일으킨다. 아쉬운 점이 있다면 그들은 학교를 일찍 떠난다는 것이다.

이런 말을 많이 듣는다.

"그래도 학교가 제일 깨끗해. 네가 일반 직장을 몰라서 그래."

나처럼 일반 직장을 구경조차 못해 본 사람은 있어도 초등학교를 거치지 않은 대한민국 국민은 없을 것이다. 누구나 가는 곳이 초등학교다. 아이들이 가장 먼저 만나는 사회다. 학교가 민주적이면 교실도 민주적일 것이다. 일찍부터 민주적인 분위기를 경험한 아이들은 이 세상도 민주적으로 바꿀 수 있다. 존중을 받아 본 아이가 다른 사람을 존중할 수 있다. 학교는 아이들을 위해 생겨난 곳이다. 그렇다면 아이들에게 돌려주어야 한다. 업무를 구실로 교사들을 자꾸 교실 밖으로 불러내지 말자. 교사가 교실 안에서 아이들을 바라보면 학교는 원래의 기능을 하게 되어 있다.

일개 평교사인 나는 학교를 떠나 일개 평민으로 살아갈 것이다.

# 생활기록부

xxxxxxx

여름방학이 되어 고등학교 친구들을 만났다. 아이들 통지표 얘기가 나왔다.

친구 : 움직임이 활발하고 주변에 관심이 많으며….

나 : 참견을 많이 하니?

친구 : 비판의식이 발달되어 있으며….

나 : 혹시 친구들을 많이 일러바친 거 아냐?

친구 : 야, 그럼 선생님들이 써 준 것은 따로 해독기가 필요하다는 거야?

친구들의 원성에도 불구하고 교사인 나도 해독할 수 없는 것이 바로 생활기록부이다.

학교는 3월과 12월이 성수기이다. 3월은 알겠는데 12월은 왜일까? 12월은 생활기록부 작업을 하는 때다. 엄청나게 많은 항목을 일일이 빠짐없이 입력해야 한다. 입력방식은 해마다 조금씩 바뀐다. 특히 종합의견은 비중이 높다. 좋은 말을 써 주어야 하나 있는 그대로 써야 하나 늘 고민이 되는 항목이기도 하다. 입력도 어려운데 점검하는 것은 더하다. 매의 눈으로 다른 반 것을 점검한다. 수정한 다음 이번에는 다른 학년과 바꿔서 점검한다. 포스트잇이 빼곡하게 붙여져서 되돌아온 우리 반 것을 보니 띄어쓰기까지 지적당해 있었다. 우리말은 띄어쓰기가 가장 어렵다는 것을 다시 한 번 알게 해 준다. 또한 칼같이 집어내는 동료 교사들의 뛰어난 눈썰미에 숙연해진다. 띄어쓰기 검색기까지 가동시켜 가며 또다시 수정작업에 들어간다. 눈이 혹사당하는 이 계절을 보낼 때마다 이런 무의미한 일이 왜 사라지지 않고 있는지 궁금해진다.

"중고등학교에서도 생활기록부 점검을 이렇게 열심히 할까요?"

"설마요. 고등학생인 우리아이 통지표 보면 오타가 얼마나 많은데요?"

생활기록부에 입력하는 특기사항 중에 건질만한 것은 종합의견 밖에 없다. 그 종합의견 마저도 두루뭉술하여 무슨 소리인줄 모르겠다. 학기 초가 되면 우리 반 아이들의 생활기록부를 죽 살펴본다. 종합의견은 따로 출력하여 첫 상담할 때 자료로 활용한다. 미사여구로 채워져 있는 이 종합의견을 읽고 아이에 대한 힌트를 얻을 수 있다고 생각하는 교사는 거의 없을 것이다. 왜 그럴까? 이렇게 써 놓으면 따지는 학부모가 없으니까. 생활기록부를 바꾸자고 하면 나한테 또 돌을 던지려나? 생활기록부의 몇 개 항목을 없앤다고 해서 아이들의 미래에 지장을 주는 것은 아니다. 예시문을 조합하여 만드는 교과특기사항은 특히 가장 먼저 없애야 한다. 매달 꿈이 바뀌는 초등학생들에게 진로사항은 왜 적게 할까? 창의적 체험활동 이수시간은 뭐 하는데 필요한지 모르겠다. 내가 보기에는 출결과 종합의견만 남기고 모두 없애면 좋겠는데…. 그 종합의견에 집중하면 예시문 없이도 최대한 정성껏 입력하게 되지 않을까? 컴퓨터에 얼굴을 처박고 깨알 같은 글씨들과 씨름하는 시간이 아깝다. 그럴 시간에 아이들과 뭐하며 놀까 궁리하는 것이 백 번 낫다.

가끔 만나는 제자가 있다. 나이는 삼십대 중반, 회사원이다. 얼마 전 뷔페 음식점에서 만나 저녁을 먹은 일이 있었다. 이 오래된 제자는 식사 중간 중간 매장 고객들 현황을 살피다가 나한테 알려주기까지 한다.

"야, 나는 밥 먹고 얘기 나누기도 바쁜데 너는 그 틈에 매장관리까지 하니?"

"그러게 말이에요. 제 통지표에는 전 학년 모두 주의가 산만한 학생이라고 적혀 있었어요."

"정말? 5, 6학년 때 담임은 나였잖아. 아이쿠, 요즘은 그런 말을 쓸 수조차 없는데 그때는 그랬구나. 정말 미안하다야."

주의가 산만했던 그 학생은 동시에 여러 가지를 한꺼번에 처리할 수 있는 유능한 직업인이자 주부로서 아주 잘 살고 있다. 생활기록부는 좋은 말만 써 주어야 한다는 것을 나에게 확실히 보여주고 갔다.

학교생활기록부 속에 들어 있는 나는 '집중력이 뛰어 난 학생'이었다. 그 학생은 자라서 한 가지 일에 빠져 있으면 아무것도 못 보고, 못 듣는 무능한 바보가 되었다.

# 나는 너보다 더 못했어

×××××××

교대에 입학하니 기가 팍 죽었다. 여학생들은 공부 좀 한다는 애들만 모였다. 그렇지 않아도 촌뜨기인 나는 앞으로 4년을 보낼 일이 걱정이었다. 내가 피아노 앞에서 바이엘을 뚱땅거리고 있을 때 그들은 체르니50에 작품집을 끼고 다녔다. 교대생들은 성실하여 뭐든지 잘하고 열심히 하였다. 아르바이트로 과외를 해서 예쁜 옷을 척척 사 입었다. 수학맹인 나는 과외는 엄두도 못 내거니와 인맥도 없었다. 시험기간이 되면 예외 없이 몸이 아픈 나는 시험지에 이름만 쓰고 나와야 할 때가 있었다. 하루 네 다섯 시간 걸리는 긴 통학거리는 나를 골병들게 하였다.

첫 발령을 받은 지 2년이 채 안되었을 때 우리 반 학생이 크게 다친 일이 있었다. 풋내기 교사는 속만 태울 수밖에. 불가항력인 사고였지만 교사가 야무지고 능란하게 대처하지 못한 것에 대해 서운하다는 말을 들었다. 무슨 일이 생길지 모르는 학교라는 곳이 두려워졌다. 만능인이 아닌 나는 학교를 그만두어야 하나 싶었다. 두 번째 학교로 옮겼던 해에 동기가 사표를 냈다. 하고 싶은 공부가 있다고 했다. 그 학교 마지막 해에는 후배가 사표를 냈다. 다른 길을 갈 것이라 했다. 세 번째 학교에서 그 동기를 다시 만났다. 우리 반 도덕을 가르쳤다. 그 후배는 학교 회식 뒤풀이로 갔던 카페에서 다시 만났다. 그녀도 나와 같은 목적으로 그곳에 와 있었다. 동 학년 선생님들 중에 교직을 그만두고 사업하다가 학교로 돌아온 경우, 대기업 다니다가 교대에 입학한 경우, 대학졸업하고 다시 교대에 편입한 경우, 이일저일 해 보다가 교대로 눈을 돌린 경우들을 보게 된다. 그들은 하나같이 "그나마 학교가 제일 나아."라며 입을 모은다. 왜 나는 그나마 제일 나은 곳이라는 데서 이렇게 비리비리하게 사는 걸까?'

집에서는 컴퓨터에 대한 것은 모두 내게 의존한다. 프로그램 깔고, 프린터 연결하고, 각종 케이블을 연결하는 일은 매우 기초적인 일인데도 나 밖에 할 사람이 없다. 학교에 가면 그런 나는 컴맹으로 분류된다.

교사들은 유능하다. 하라면 뭐든지 한다. 할 줄 아는 것도 많다. 성실하기까지 하다. 그러지 못해서 열등한 교사는 열등한 학생을 만나면 위로를 보낸다.

"괜찮아. 나는 너보다 더 못했어."

# 체육시간

xxxxxxxx

아이들은 교실에 들어서자마자 칠판에 붙어 있는 시간표부터 본다.

아이1 : 와, 오늘 체육 들었다!

아이2 : 선생님, 체육 두 시간 해요!

아이3 : 하루 종일 체육만 해요!

나 : 그러다 선생님이 교장실에 불려가. 여기가 체육 초등학교에요? 하고 혼날 거야.

나를 생각해서인지 더 이상 조르지 않는다. 아이들은 체육 하러 학교에 온다. 나는 체육시간이 제일 힘들다. 체육수업이 끝나면 기진맥진해서 다음 수업할 때 입에서 단내가 난다. 말이 잘 안 나온다. 체육수업 할 장소도 마땅치 않다. 비가 오면 당연히 못 나가고 미세먼지, 오존주의보, 폭염, 한파가 운동장 체육을 방해한다. 체육관이라도 넘볼라치면 이미 꽉 차서 쫓겨나올 때가 있다. 체육관을 배정받더라도 학교 행사가 있으면 사용할 수가 없다. 아이들은 힘이 넘

학교가기 싫은 선생님  **111**

쳐나서 "나가요!"를 부르짖는데 나는 체육이 두렵다. 그러다가 2학기에 체육전담 교사가 생겼다. 두 번째 수업까지는

"선생님, 체육시간 재미없어요. 우리 반 선생님이랑 할래요."

"조금만 있어봐. 금방 말이 달라질 테니."

금방 말이 달라졌다. 좋아 죽는다. 나는 우리 반 아이들을 체육 선생님한테 뺏겼다.

"2반과 수업하는 것이 가장 좋아요. 저랑 케미가 맞는 것 같아요."

나도 체육 선생님이 제일 좋다. 생애 처음 맞는 교직의 전성기다. 다만 한 학기인 것이 아쉬웠다.


내가 가장 공을 들이는 것은 체육시간이다. 체육 들어 있는 날은 편한 옷을 입고 출근한다. 체육복 갈아입는 시간과 번거로움을 줄이기 위해서다. 끝 종이 울리자마자 아이들에게 운동화로 갈아 신게 한다. 간단한 놀이로 몸을 풀고 스트레칭을 하고 있으면 그때서야 수업 시작을 알리는 종이 울린다. 체육책은 수행평가 해결 할 때만 들춰본다. 여러 가지 단체경기 위주로 시간을 보낸다. 학기 초에 팀을 나누어 놓으면 1년 내내 엎치락뒤치락 승패가 나뉜다. 팀 편성은 운동장에서 뿐만 아니라 교실에서 놀 때에도 적용된다. 같은 팀원끼리는 1년 내내 죽자 사자 도울 수밖에 없다. 준비운동으로 하는 단체 줄넘기도 팀끼리 한다. 일정한 기록을 목표로 세워 놓고 성공한 팀에게는 선물을 준다. 다른 팀과 경쟁하는 것이 아니라 우리 팀

끼리 서로 도와서 목표를 이룰 수 있게 하는 것이다.

교원평가 학생만족도 설문조사가 있던 시절에 6학년들이 이렇게 적어 놓았다.

"여태까지 이렇게 체육을 많이 해 본 것은 올해가 처음이에요."

"체육시간이 제일 재미있었어요."

"체육을 많이 해 주셔서 고맙습니다."

온통 체육 얘기만 적혀 있다. 나는 체육시간이 들어 있는 날 아침이면 한숨이 나온다.

'오늘 체육시간에는 무얼 해야 하나?'

# 개근 못하잖아요?

×××××××

아침 일찍 울리는 전화 벨소리는 십중팔구 학생이 늦거나 결석한다는 내용이다. 나는 초등학교 1학년 때 13번 결석했다. 단순한 잔병치레로 이처럼 화려한 결석일수 경력을 가진 학생을 여태 만나본 적이 없다. 내가 아프다고 하거나 얼굴색이 안 좋으면 할머니께서는 큰일이라도 난 듯 호들갑을 떠셨다. 학교에 못 가게 할 때마다 별 저항 없이 받아들였다. 학교에 가려면 40분을 걸어가야 했으니까. 배가 아파서 기다렸던 첫 소풍마저 결석을 했다. 2학년 때는 결석일수가 5일로 줄었다. 내 건강이 좋아진 것이 아니라 그 해에 할머니께서 돌아가셨기 때문이다. 내 자신이 생각해도 13일이란 숫자는 너무 심했다. 그 이후로는 결석과 큰 상관이 없이 살았다.

나는 아픈 아이가 있으면 집에 연락해서 바로 보낸다. 부모님이 집에 안 계시면 보건실에 누워서 쉬게 한다. 결석에도 관대할 수밖에 없다. 부모님들 중에는 결석하면 큰일 나는 줄 아는 분이 아직도 계시다. 아침이면 아픈 아이를 굳이 학교에 데리고 오신다. '조퇴'를 확인받고 결석이 아님을 강조한 후 집으로 돌아간다. 보통은 병원부터 먼저 가는 경우가 많다.

"선생님, 아이가 아프니 병원에 들렀다 학교에 보낼게요."

"많이 아프면 병원 갔다가 그냥 집에서 푹 쉬게 하세요."

"그럼, 개근 못하잖아요?"

"개근 못하면 어때서요?"

학교는 강인한 정신력을 기르기 위해 아픔을 참고 등교 도장을 찍어야 하는 고행의 장소가 아니다. 하루 동안 푹 쉬었던 아이는 다음 날 거뜬해진 몸이 되어 웃으며 학교에 온다.

## 노래

×××××××

회식하다 보면 2차는 노래방일 경우가 많다. 나는 몸을 돌려 슬쩍 주차장으로 도망가 버린다. 노래방 안 간지 10년 가까이 된다.

어렸을 적에 나는 노래쟁이였다. 노래를 잘 하지는 못하지만 좋아했다. 내 나이 한자리 수였을 때, 일 하시는 엄마 옆에서 하루 종일 배경음악이 되어 드렸다. 언니 오빠들 덕분에 음악책에 있는 노래는 죄다 알았다. 친척들이 모인 자리에서는 으레 빙 둘러 앉아 돌아가면서 노래를 한 곡씩 불렀다. 나는 1학년 첫 소풍 때 결석했기에 2학기에 갔던 가을 소풍은 설렘 자체였다. 전교생을 모아 놓고 반마다 노래를 시켰다. 장기자랑 시간이었나 보다. 사회를 보던 선생님이 '다음은 1학년 2반입니다!'하는 순간 나는 용수철처럼 앞으로 튀어 나갔다. 양손을 맞잡고 몸을 좌우로 흔들며 열심히 '비행기'를 불렀다. 사회를 보던 선생님은 상품으로 연필을 한 자루 주시더니 춤까지 추었다며 한 자루를 더 주셨다. 연필을 두 자루 받은 사람은 나 말고는 없었다. 내가 앞에 나와 노래를 부를 때 6학년 쪽에서 소동이 있었다. 6학년이었던 작은오빠의 얼굴은 귀까지 빨개져 있었다. 친구들이 부르는 오빠의 별명이 '비행기'였다.

6학년들이 1학년 교실에 청소해 주러 올 때마다 오빠 친구들이 나를 놀렸다. 학교 안에서 나를 볼 때마다 '비행기 동생'이라며 놀렸다. 오빠는 나 때문에 자주 얼굴이 빨개졌다. 사실 소풍 날 장기자랑은 우리 반 반장이 할 역할이었다고 한다. 결석을 밥 먹듯 하여 학교 분위기를 모르는 내가 첫 소풍에 흥분하여 막무가내로 나갔던 것이다. 오빠는 그 일로 나를 탓한 적은 없었다.

그 사고를 치고서도 나는 사람들 앞에서 자주 노래를 불렀다. 음악시간에 반 친구들이 노래를 제대로 못 부르고 자꾸 틀리면 선생님은 내게 독창을 시키셨다. 선행학습 덕분이었다.

고등학교에 입학 한 후 합창부에 들어가기 위해 벼르고 있었다. 음악 선생님께서 청음 테스트를 하셨는데 절대음감과는 거리가 먼 나는 보기 좋게 떨어졌다. 선생님은 자리를 정리하고 나가기 전에 의례적인 말을 던지셨다.

"떨어졌지만 그래도 혹시 합창부를 해 보고 싶은 사람이 있나?"

느닷없이 내 짝이 내 팔을 붙들고 높이 치켜들었다.

"그래? 그럼 어디 노래 한번 해볼까?"

나는 일어나서 '보리밭'을 불렀다.

"와우, 내가 숨은 인재를 놓칠 뻔 했구나!"

나는 내 짝 덕분에 합창부에 들어갈 수 있게 되었다. 동아리 활동

시간이 빨리 돌아오기를 얼마나 기다렸는지 모른다. 연습은 재미있고 공연은 더 재미있었다.

문제는 2학년 때 생겼다. 2학년이 되면 동아리활동은 교육과정에만 있고 실제로는 운영을 하지 않았다. 입시공부를 하라는 것이다. 나는 노래를 계속하고 싶었다. 나의 담임 선생님께서는 내 고집을 꺾지 않으셨다. 혼자 1학년 틈에 끼어 합창부 활동을 계속했다.

고3을 보내 던 어느 날, 음악 선생님께서

"오늘은 교과서에 없는 노래를 들어보자."

'노래를 찾는 사람들'이란 음반이었다. 솔아 솔아 푸르른 솔아~ 노래가 오랫동안 귓가에 맴돌았다.

대학에 입학하자마자 노래패에 가입했다.

큰오빠가 강하게 말렸다.

"데모하는 데에 왜 들어가?"

"노래만 할게요."

노래패는 노래만 하는 곳이 아니었다. 노래패를 그만두고 성가대에 들어갔다. 노래패보다 훨씬 재미있었다.

새내기 교사가 되자 아이들에게 노래를 많이 부르게 하였다. 해마다 방송국 창작 동요제 음반을 샀다. 노랫말은 잘 보이도록 크게 써 주었다.

그날은 '아빠 힘내세요.'라는 노래를 들려주었다. 아이들은 신나게 따라 불렀다. 그런데 조그마했던 한 여학생이 책상 위에 엎드려

울고 있었다. 나는 아무 말 없이 노래를 껐다. 그 노래는 우리 반 교실에서 사라졌다.

몇 년 후 TV광고에서 그 노래를 다시 듣게 되었다. 그 아이를 울렸던 노래는 국민 동요가 되어 버렸다. 슬픔을 딛고 잘 자랐겠지? 아빠 생각이 나서 또 울지는 않았기를 바란다. 이후 나는 노랫말을 더 주의 깊게 살펴보게 되었다.

사회시간에 현대사를 배우는 단원이었다. 6월 민주화항쟁을 다루기 전에 아이들에게 노래를 한 곡 들려주었다. 노찾사의 '타는 목마름으로'였다. 교실이 숙연해졌다. 느낌을 물었더니

"요즘 노래랑 많이 달라요."

"당시 사람들은 많이 힘들었겠어요."

"민주주의가 소중하게 느껴져요."


노래쟁이가 왜 노래방을 피하게 되었을까? 교사가 되니 아픈 목이 가장 힘들다. 지금은 2옥타브 음은 무조건 1옥타브로 끌어내린다. 노래를 잃었다. 나중에 할머니 합창대에서 알토 파트라도 맡을 수 있으면 좋겠다.

# 오늘은 어떤 음악을 들을까?

×××××××

5월의 화창한 아침, 1교시를 맞이한 6학년 2반 교실에서는 모차르트의 클라리넷 협주곡이 흘러 나왔다. 연주자는 우리 반 수연이 아빠이셨다. 연주회장에서만 듣던 아빠의 연주를 학교에서 듣게 된 수연이는 행복한 미소를 지었다. 연주회가 끝나고 아빠와 딸은 가족과 함께 휴가 여행지로 떠났다. 이 연주회의 시작은 학부모 상담 주간으로 거슬러 올라간다.

수연이 엄마 : 선생님이 음악을 많이 들려주신다고 하네요.

나 : 네, 우리 반 아이들이 음악을 몹시 좋아합니다.

수연이 엄마 : 수연이 아빠가 오케스트라 단원이에요.

나 : 오, 그래요? 언제 학교에 오셔서 직접 들려주시면 안 될까요?

수연이 엄마 : 이런 제의는 처음 들어 봐서요. 남편한테 얘기 해 볼게요.

그 후 연주가 아빠께서 휴가를 내고 악기를 들고 오셨다. 아침에 악기를 불어 보는 것은 처음이라 하셨다. 클라리넷에 대한 설명과 함께 여러 곡을 들려주셨다. 모든 아이들의 눈이 빨려들 듯이 바라보고 있었다. 나는 아이들을 배경으로 연주가의 뒷모습을 한 장의 사진에 남겼다. (이 사진은 나중에 수연이의 사진첩에 넣어 주었다.)

나는 음악이 좋다. 클래식 전문 채널 라디오만 듣는다. 귀를 잡아끄는 음악이 나오면 선곡표를 보고 곡명을 찾아 음원을 다운 받는다. 이렇게 다운 받은 클래식 음원이 수백 곡이다. 점심시간이 끝나면 아이들은 운동장에서 놀다가 벌개진 얼굴로 들어온다. 나는 오후 수업을 바로 시작하지 않고 음악을 틀어준다. 심취해서 가만히 듣는 아이가 있고 몸이 움직이는 대로 따라가는 아이가 있다. 신기하게도 아이들은 귀가 좋아서 듣기는 다 듣는다. 이 시간을 싫어하는 아이는 없다. (아이들은 공부만 아니면 뭐든지 환영이다.) 곡의 길이는 3분 정도이다. 음악이 끝나면 아이들의 얼굴색이 어느 정도 돌아와 있다. 잠시 질문이 오가기도 한다. 곡에 대한 설명을 간단히 해 주기도 한다.


예전에는 클래식이 지루하기 짝이 없었다. 자장가로 쓰라고 만들어진 것이 어렵기는 왜 또 그리 어려운지. 어쩔 수 없이 배우게 된 플루트는 레슨이 있는 날에만 악기 케이스가 열렸다. 게다가 선생님 차가 펑크라도 나서 레슨 하러 못 오기를 빌었다. 대학 1학년이 끝나갈 무렵, 학생들이 하는 연주회장 출입구에서 안내 역할을 돕게 되었다. 문틈으로 흘러나오는 음악을 듣는 순간 소름이 오소소 올라왔다. 슈베르트의 미완성 교향곡 1악장 첫 부분이었다. 그때부터 시작되었다. 나를 소름 돋게 하였던 음악을 찾아 나선 것이다. 예술의전당, 국립국악원, 호암아트홀, 세종문화회관, 교육문화회관, KBS홀, 그 외에도 음대에서 열리는 음악제, 심지어 음대 졸업연주회, 마스터 클래스 등등을 찾아다녔다. 내 플루트 선생님이 속해 있는 오케스트라 연주도 빠짐없이 갔다. 추운 겨울날, 혼자서 온 몸으로 칼바람을 맞으며 남부터미널역에서 내려 예술의전당까지 걸어가던 동안 얼마나 춥고 외로웠는지 모른다. 그런데 연주회가 끝나고 돌아가는 길은 춥지 않았다.

그 시절에는 음악회 예매를 하려면 종로에 있는 종로서적까지 가야 했다. 귀에는 늘 워크맨 이어폰이 꽂혀 있었다. 주머니에 단돈 3,000원이 남아 있었는데 그것을 털어 카세트테이프를 샀던 적이 있었다.

호랑이 같은 큰오빠와 며칠에 한 번씩 나누는 한밤의 대화다.

오빠 : (인상을 쓰며) 왜 이렇게 늦었어?

동생 : (다소곳하게) 음악회 다녀왔어요.

오빠 : …….

급기야 늦바람이 들었는지 듣는 음악보다 하는 음악이 더 행복하다는 것을 알고 매일 연습실에서 살았다. 새벽에 일어나서 피아노학원에 갔다. 원장님 남편이 극성맞은 교대생을 위해 일찌감치 문을 열어 놓았다. 레슨을 받고 1교시 강의가 시작되기 전에 학교에 갔다. 강의가 끝나면 연습실에 가서 플루트 연습을 했다. 시험기간이 되면 음악관 연습실에 와있는 학생은 나 혼자였다. 주말이면 큰오빠는 내게 책가방 들고 도서관에 가라고 했다. 나는 굴하지 않고 악기 케이스를 들고 집 근처에 있는 다른 학교 연습실에 갔다. 여름 방학이면 음악캠프에 쫓아갔다. 현악합주단에서 하는 합숙 연습이었음에도 불구하고.

악기 배우는 것을 좋아하여 잠깐 동안 혹은 몇 년간 여러 악기를 접해 보았다. 해금을 배우고 있을 때 일이다.

"선생님, 해금하신다면서요? 음악책에 해금이 나왔는데 아이들한테 악기를 직접 보여주고 싶어요. 부탁드려도 될까요?"

무대 울렁증이 없는 나는 흔쾌히 해금 케이스를 들고 그 반으로 갔다. 악기를 보여주며 구조를 설명했다. 최근에 해금이 각광받는 이유를 덧붙였다. 당연히 연주도 들려주었다.

아직까지 손에서 놓지 않은 악기는 플루트 하나이다. 큰오빠의 속을 썩인 대가로 썩히기에는 아까운 실력을 갖게 되었다. 1년에 한 번, 아이들 앞에서 내 연주를 들려준다.

아이들에게 처음부터 음악을 들려 준 것은 아니다. 아이돌에 흠뻑 빠져있는 그들에게 자장가를 들려주는 어리석은 일을 할 정도로 한가한 학교가 아니다. 아마 영어전담 교사를 하면서 모자라는 수업시수를 채우기 위해 3학년 음악교과도 가르치면서 시작된 것 같다. 노래 부르는 것도 한두 번이지 무엇으로 음악시간을 때울까 궁리하다가 매시간 클래식 한 곡씩을 들려주기 시작했다. 그런데 아이들이 듣는 것이다! 가끔은 한 번 더 듣고 싶다며 졸랐다. 심지어 그 곡을 흥얼거리고 다니는 것이다. 그때 알았다. 아이들의 귀가 어른과 다르다는 것을!

이듬해 만난 우리 반 3학년 아이들에게 매일 음악 한 곡을 들려주기 시작했다. 음악교과는 전담 교사가 따로 있었지만 아이들이 음악을 좋아한다는 것을 알게 된 이상 멈출 수 없었다. 가끔 음악퀴즈 대회를 열었다. 리코더는 이중주 위주로 하게 했다. 내가 한 일이라고는 손가락번호 알려주고 악보만 나누어 주었을 뿐이었다. 2학기가 되니 반음이 난무하고 8분 음표와 16분 음표가 빼곡한 빠른 곡마저 아이들에게는 식은 죽 먹기였다. 나한테 하라면 죽어도 못한다. 시험기간인데 아이가 리코더만 붙들고 있다는 학부모의 하소연이 들려왔다. 아이들만이 갖고 있는 신비한 능력을 깨닫게 된 해였다.

4학년과는 알토리코더를 해 보았다. 음색이 날카롭지 않아서 좋았다. 반주에 맞추어 합주를 하고 있는 동안 아이들의 표정은 이미 음악 애호가였다. 단점이 있다면 알토리코더는 소프라노리코더와 운지법이 다르다 보니 머리 쓰기 귀찮아하는 학생은 쉽게 주저앉았다. 악기 안에 침이 고이면 소리가 잘 안 나기도 한다.

6학년을 대상으로 '서양음악사'라는 동아리활동을 해 본 적이 있다. 시대 순으로 한 시간에 한 작곡가에 대해 집중적으로 공부하였다. 그런 다음 그 작곡가의 작품 여러 곡을 짧게 감상하였다. 초등학생을 대상으로 이런 수준 높은 교양프로그램을 진행하는 내 자신이 웃겼지만 매일 음악을 듣고 사는 나에게는 〈나〉만이 줄 수 있는 뭔가를 아이들에게 주고 싶었다.

노래 부르기를 무척 좋아했던 6학년 남학생들이 기억에 남는다. 쉬는 시간마다 교실 뒤에서 춤을 추며 노래를 불렀다. 기타를 가지고 온 날은 기타 반주에 맞춰서 불렀다. 전자기타와 드럼이 등장하는 날도 있었다. 운동회 때 댄스파티를 벌였던 바로 그 팀이다. 날마다 시끌벅적하여 이러다 난청이 생길까 염려되던 해였다. 시간 여행이 가능하다면 바로 그때 아이들에게 돌아가고 싶다.

정신없이 돌아가는 교실 안에서 매일 음악을 준비한다는 것은 번거로운 일이다. 그럼에도 음악 듣기는 계속 할 것이다. 음악이 있으니까. 음악이 좋으니까. 밥 먹고 살기 힘들다고 예술이 사라지지 않는 것은 예술만이 갖는 힘이 있기 때문일 것이다.


오늘은 어떤 음악을 들을까? 비가 내리니 쇼팽의 빗방울 전주곡을 준비해야겠다. 겨울에는 뭐니 뭐니 해도 호두까기 인형은 듣고 가야지. 점심시간마다 이렇게 중얼거리며 음악을 준비한다.

# 교실 영화

×××××××

교실은 가끔 극장이 되기도 한다. 식목일쯤에는 〈나무를 심는 사람〉을 본다. 미래사회에 대해 공부할 때는 〈아일랜드〉를 본다. 환경에 대해 공부할 때는 〈아름다운 비행〉을 본다. 동물이 주제가 될 때는 〈에이트 빌로우〉를 본다. 화산이나 지진을 공부할 때는 재난영화를 본다. 진로에 대한 생각을 나눌 때는 〈빌리 엘리엇〉을 본다. 〈인어 베러 월드〉는 폭력에 대해 생각해 보게 하는 영화이다. 〈엘리나〉라는 인권에 대한 좋은 영화도 있다. 겨울이 오면 〈호두까기 인형〉과 〈스노우맨〉을 본다. 영화는 무궁무진하다. 모든 교실에 큰 스크린과 음향시설이 있었으면 좋겠다. 그러면 몰입감이 더 높아질 텐데.

나는 한때 영화광이었다. 멀티플렉스 상영관이 아직 없었던 피카디리, 단성사, 대한극장 시절이었다. 그 중독증은 96년에 절정에 달했는데 그 해 극장에서 본 영화가 50여 편, 집에서 비디오로 보았던 영화가 200여 편이었다. 이 극장에서 저 극장으로 옮겨 다니며 하루에 영화를 2편 본 적이 있었다. 세 편까지 본 적도 있었다. 그 날은 아침에 집을 나가 저녁에 들어왔다. 그런 고행에 동행할 사람은 없었기에 나 혼자였다. 한산한 극장에 혼자 앉아 영화에 빠져 있다 보면 저쪽 구석에 앉아 있었던 아저씨가 어느새 내 옆자리로 공간 이동을 했다. 그리고는 어김없이 내 허벅지를 향해 더듬더듬 손을 뻗어 오고 있었다. 내 영화 질주에 유일한 걸림돌이 되었던 부분이다. 퇴근길은 발길이 동네 비디오대여점으로 향하도록 자동 입력되어 있었다.

영화는 두 시간 동안 나를 다른 세계로 데려간다. 내가 살아 본 적 없고, 살아 볼 수도 없는 수많은 '가지 않은 길'을 엿보게 해 준다. 잘 만든 영화이건, 제작비가 아까운 영화이건 간에 그 영화가 주는 메시지를 전달받고 싶다. 극장에 며칠 걸리지 못하고 사라졌을 법한 영화 중에 오랫동안 잔상이 아른거리는 영화를 사랑한다. 그런 영화를 만든 사람들이 굶지 않고 잘 살면 좋겠다.

과거에 영화 애호가였던 나는 교실 영화를 고를 때 고민이 많다. 극장이나 TV에서 쉽게 볼 수 있는 흥행작은 제외다. 정작 보여주고 싶은 영화는 DVD나 영화 파일을 구하기가 어렵다. 아무리 좋은 영화라도 연령 제한은 지킨다. 저작권을 존중하여 합법적인 경로를 통해서만 구한다. 사전 검열은 필수다. 내가 미리 영화를 보는 것이다. '아이들한테 안 팔리겠는 걸?' 싶으면 구입비가 아까워도 그냥 묻어 둔다. (묻힌 영화가 더 많다.) 아이들은 휙휙 날아다니는 화면에 익숙하다. 내용이 좋으나 좀 지루하다 싶으면 오징어 굽듯이 몸을 뒤틀며 못 견뎌한다. 좋은 영화인데다 아이들이 열심히 보기까지 하는 그런 영화를 많이 많이 구하고 싶다. 그러나 가장 큰 문제는 학교는 교실 영화를 상영할 만한 시간적인 여유가 없다는 것이다.

# 직·업·병

×××××××

　내 나이 스물아홉 살 때이다. 출근하여 4층 교실을 향해 열심히 계단을 오르고 있었다. 3층에서 한 번쯤 쉬어 주는 것도 잊지 않았다. 내 뒤통수에 교장 선생님의 목소리가 꽂혔다.

　"심미 선생님, 어디 아파요?"

　"네? 아닙니다!"

　'내 뒷모습이 어디가 어때서 저러실까?'

　그 후에도 '어디 아파요?'라는 말을 자주 들었다. 나는 그 학교에서 3년 연속 3학년을 맡게 되었다. 첫 해는 주는 대로 받았고, 두 번째 해는 학년중임제가 생겨나서 맡았고, 세 번째는 나도 그 이유를 몰랐다. 당시 우리 반은 수영특기 반이었는데 나는 수영의 '수'자도 모르는 사람이었다. 그 해에 나는 학년 부장 선생님으로부터 왕따를 당했다. 총애를 받는다는 이유로 미움을 샀다. (학교에서는 중학년이 로열 학년이다.) 몹시 힘든 날을 보내다 유산의 위험이 있어 산전휴직을 하게 되었다. 나중에 우연히 듣게 되었다. 3년 연속 같

은 학년에 배정된 것은 내 뒷모습을 보고 불러 세운 그 교장 선생님의 배려였다. 다른 교사들이 반발하자

"그처럼 몸이 약해 보이는 사람한테 어떻게 고학년을 줍니까?"라고 하셨다고 한다.

이듬해 2학기에 복직한 나에게는 6학년 교과 전담이 기다리고 있었다. 6학년 교과 전담을 두 번 더 하고 그 학교를 떠났다. 이로써 3학년 3번을, 6학년 3번으로 속죄한 셈인가?

태풍이 몰아치던 날, 학교에 출근했더니 학년 부장 선생님께서 나를 놀렸다.

"와우, 바람에 안 날아가고 학교까지 무사히 왔네!"

어느 직업이나 직업병이 있기 마련이다. 교사들에게 흔히 나타나는 증상들을 나도 대부분 갖고 있다. 하지정맥, 요통, 성대 문제 등등. 2번의 유산도 겪었다. 알레르기 비염, 알레르기 결막염, 알레르기 피부염, 알레르기 기관지염까지 있다. 안구건조증이 매우 심하여 인공눈물이 생명수이다. 에어컨이나 히터를 트는 날에는 눈을 뜰 수가 없다. 3교시 수업할 때쯤이면 목소리가 갈라진다. 말을 할 때마다 목에서는 긁히는 듯 통증을 느낀다. 피곤한 날은 귀가 먹먹하여 손가락으로 귀를 막고 수업을 한다. 자주 체하니까 소화제는 항상 책상서랍에 들어 있다. 새 교과서 나누어 주려고 무거운 박스를 들다 다친 손목은 늘 다시 다친다. 운동회 때 할 리듬체조를 만들어 가르치다가 다친 무릎은 가끔 말썽을 피운다. 교무실에서 불

러 급하게 계단을 내려가다 굴러 넘어져 정강이가 패이도록 다쳤다. 빈 교실에서 혼자 앓다가 퇴근하여 돌아와 몸져누울 때가 많다. 한심하기 짝이 없는 약골이다.

어느 점심시간에 내가 책상 앞에 앉아 한 팔에 머리를 기대며 눈을 감고 있었다. 운동장에서 놀다가 교실로 들어서는 아이들의 소리가 들렸다.

"선생님, 어디 아프세요?"

"어, 선생님도 아플 때가 있어요?"

그렇다. 아이들은 내가 늘 팔팔한 줄 안다.

좋은 컨디션을 만들기 위해 나는 항상 노력한다. 잠이 안 와도 일찍 눕는다. 회식은 짧게 끝낸다. (회식시간이 연장된다고 친목 도모가 높아지는 것은 아니다.) 친구들은 주말이나 방학 때 만난다. 몸에 좋다는 것들을 꽤 많이 먹고 있다. 이렇게 눈물겨운 노력에도 불구하고 내 몸은 골골하기만 하다.

좋은 점도 있다. 몸이 안 좋은 아이들이 눈에 잘 들어온다. 동병상련의 미덕을 열심히 실천하고 있다.

# 급식

xxxxxxxx

도시락 점심시간을 4년 쯤 보내고 나니 식판에 밥 먹는 시대가 도래했다. 급식 초기에는 1, 2학년은 급식 대상이 아니었다. 그때는 교실에서 밥을 먹는 학교가 많았다. 최근에는 학교 식당(급식실)이 지어지고 무료 급식을 지원하는 지역이 많아졌다. 급식이 생겨 아이들의 점심이 평등해졌다. 교실에서 급식하다가 식당이 생기니 좋은 점이 많다. 교실 안에 김치냄새 배일 일이 없어졌다. 마룻바닥에 흘린 국물을 닦을 일이 없어졌다. 복도에서 멍 때리고 있다가 지나는 급식용 수레에 치이는 사고가 없어졌다. 점심시간에 다치는 학생이 줄어들었다. 전교생이 같은 시간에 점심을 먹을 때에는 운동장이 아이들로 미어터졌는데 이제는 분산이 되기 때문이다. 인구밀도가 줄어드니 놀다가 충돌할 수 있는 위험이 덜해진 것이다.

힘든 점도 있다. 밥을 먹기 위해 긴 줄을 서야 한다. 줄을 오래 선 날은 밥 먹고 있다 보면 시작종이 울리기도 한다. 전교생을 한꺼번에 수용할 수 없기에 학년마다 시간을 나누어 점심을 먹는다. 작년에는 11시 20분에 밥을 먹었는데 올해는 1시에 밥을 먹게 된다. 식당을 짓느라 좁은 운동장이 더 좁아졌다. 무료급식이 되고 부터는 개학날과 방학식이 있는 날에도 수업이 많다. 급식을 먹어야 하기 때문이다. 급식비 미납자 명단을 받지 않으니 어느 집 형편이 어려운지 알 수가 없다. 천장 높은 급식실 안은 울림이 커서 시끄럽다. 아이들 떠드는 소리와 스테인리스 식판이 내는 소리가 날카롭고 요란하다. 밥 먹는데 5분이 채 안 걸리는 남학생들은 남은 음식을 부리나케 잔반통에 넣고 밖으로 뛰어 나간다. 매일 엄청난 양의 음식 쓰레기가 생겨난다. 나는 학교에서 점심을 먹을 때마다 수용소에 와 있는 기분이다. 내 책상서랍에는 소화제가 대기 중이다.

학교마다 식당 짓기가 한창일 때 들었던 궁금증이다. 학급 수만큼 있었던 그 많던 급식전용 수레는 다 어디로 갔을까?

# 학교 옮기기

×××××××

학교를 옮긴 첫 해는 바보가 된다. 전입해 온 교사는 주는 대로 받아야 한다. 배려는 꿈도 못 꾼다. 낯선 학교에 오면 모든 것이 서툴고 이리저리 헤매야해서 힘들다.

두 번째 학교로 옮긴 첫 회식자리 맞은편에는 6학년 교사들이 앉아 있었다.

"도대체 심미가 누구야?"

"동기인 임산부는 6학년을 주고 걔는 왜 중학년을 맡은 거야?"

"도대체 얼마나 갖다 바친 거야?"

영문도 모른 채 죄인이 되어 버린 나, 심미는 숨죽인 채 앉아 있었다. 회식이 끝나자 다들 흩어져 버리고 나 혼자 거리에 남겨져 있었다. 어딘지도 모르는 휑한 곳이었다. 한참을 기다려 택시를 잡았는데 기사가 우리 집 방향은 반대쪽에서 타야 한다고 했다. 밤이 늦어서야 집에 들어갈 수 있었다.

청소 배정을 받았다. 대학 동아리 선배였던 옆 반 선생님이 소리를 빽 질렀다.

"화장실 청소는 작년에도 우리 반이 했잖아? 올해 왜 또 주는 거야?"

수정되어 다시 온 청소 배정표를 보니 화장실 청소는 우리 반에게 와 있었다. 나는 그 후 3년 동안 화장실 청소를 했다.

학년 업무를 정하는 자리였다. 학년 대표수업을 누가 하느냐로 의견이 팽팽했다. 8년차 선배들 셋이 모두 거부했다. 그들의 눈길이 가만히 앉아 있는 나에게 꽂혔다. 나는 연구 부장 선생님 교실로 갔다.

"제가 경력이 아직 짧은데 학년 대표수업을 하라고 해서요."

"하고 싶어도 못합니다. 선생님은 임상장학 대상자입니다."

결국은 대선배인 한 선생님이 나서서 공개수업을 하게 되었다.

그때는 학생들이 도시락을 싸 가지고 다니던 때였다. 6교시 하다가 5교시인 날이 있었다. 4교시가 끝나자 도시락을 꺼내게 하였다. 그런데 옆 반은 책가방 싸서 집에 가는 것이다. 9개 반 중 2개 반 만 도시락을 싸 왔다. 그 반 선생님도 신입이었다. 두 찬밥들은 마주 보고 쓸쓸하게 웃었다.

"우리 학교는 그래. 5교시 하는 날은 도시락 싸오지 않고 단축수업해서 빨리 보내 버리거든."

비가 오던 날, 쉬는 시간에 잠깐 모여 티타임을 갖는 중이었다. 창문이 열려 있어서 빗물이 안으로 들이치고 있는데 아무도 신경 쓰지 않았다. 내가 일어나서 창문을 닫으러 갔다. 창틀이 휘어져 있었나보다. 창문은 창틀에서 벗어나 4층 아래로 떨어져 와장창 깨졌다.

"비가 와서 망정이지 밑에 애라도 있었으면 어쩔 뻔 했어?"

꾸지람만 남겨두고 9명의 선생님들은 시작종이 나자 교실로 사라져버렸다. 나는 1층으로 내려가서 깨진 유리를 쓸어 담았다. 얼굴에 흐르는 것은 빗물이었을까 눈물이었을까? 그 빗속에서 떠오르는 사람이 있었다. 불과 1년 전, 같은 학년에 신규 교사가 왔다. 과 후배이기도 했다. 그 후배는 출근 첫날에 퇴근을 못할 뻔 했다. 퇴근 길에 교실 앞을 지나가는 누군가가 '퇴근 안 해? 내일 봅시다.' 등의 인사를 해 올 줄 알았던 것이다. 학교가 어둠에 싸이도록 조용하여 그때서야 자리에서 일어나니 모든 교실은 비어 있고 본관으로 건너가는 출입문은 이미 잠겨 있었다. 9명의 동 학년 선배 교사들 중 그녀의 첫 퇴근을 챙기는 사람은 아무도 없었다.

네 번째 학교에서는 더 혹독한 신고식이 기다리고 있었다. 지원했던 곳에서 미끄러져 다른 지역으로 날아가게 되었다. 그쪽은 길이 밀려서 아침 5시 반에 일어나야 했다. 3년 내리 전담 교사를 하다가 이번에는 담임이 주어졌다. 간만에 학급을 맡으니 더 갈팡질팡하였다. 교실에는 불쑥불쑥 소리를 지르거나 책상을 두들겨 대는 아이가 있었다. 가끔 가위를 쥐고는 짝을 향해 다짜고짜 "죽여 버릴 거야!"하고 위협을 했다. 첫 회식이 있던 날이었다. 교장 선생님이 자리에 앉기 전까지는 음식에 손을 대지 않고 기다려야 했다. 주인공이 들어오자 모두 기립! 각종 건배사가 이어졌다. 한 학년씩 일어나서 교장 선생님 자리로 가서 무릎 꿇고 술잔을 받았다. '이게 학교냐? 군대지.' 그 전에 근무했던 지역에서는 회식이란 그저 함께 먹는 자리일 뿐이었다. 먹고 있다 보면 교장 선생님이 늦게 합류하기도 했다. 교장 선생님이 일어나서 돌아다니면서 다른 교사들과 얘기를 나누었다.

그 바쁜 중에 개학 이튿날부터 학부모의 방문이 시작되었다. 그냥 새 학기라 인사차 들렀다고 하시는데 한 시간이 가고, 두 시간이 가도 얘기가 안 끝나는 것이다. 동료들은 퇴근해버린 시간에 이르러서야 교실에 혼자 있을 수 있었다. 그때서야 부랴부랴 밀린 업무를 살피기 시작했다. 나중에는 말 그대로 인사만 하고 보내드리려고 선 채로 얘기를 들었다. 한 시간이 가고, 두 시간이 흘렀다. 차라리 처음부터 자리를 권할 것을. 서서 얘기 듣느라 다리만 부었다. 업무는 밀리고 있는데 학부모의 방문은 계속 이어졌다.

"부장 선생님, 원래 학부모님들이 학교에 자주 오시나요? 저는 지난 3년간 담임을 안 맡았더니 감이 안와서요."

"우리 반은 안 오시는데? 자기 벌써 소문난 것 아니야? 말 잘 들어 준다고."

새로 맡은 업무는 아주 힘든 일은 아니라고 하는데 업무 파악이 늦어지고 말았다. 다들 바쁘게 착착 돌아가는 학교 안에서 신규 교사도 아닌데 징징댈 수는 없었다. 교무실에 갔다가 한 부장 선생님이 소리 지르는 것을 들었다.

"도대체 이 업무 담당자가 누구야? 날짜가 지났는데 왜 신청서를 안 돌리는 거야? 작년 같았으면 죽었어!"

그때 알았다. 내 업무 중에 다달이 신청서를 내 보내야 하는 일이 있다는 것을. 사면초가란 이런 느낌일까? 막막했다. 교실에는 부적응 학생이 소리 지르고 있고, 수업이 끝나면 학부모가 찾아와서 나를 붙들고, 잘 모르는 업무는 계속 밀려들어 나를 재촉하고, 나는 수면부족 상태였다. 결국 몸살에 걸려 일어날 수 없는 상태가 되었다. 학교가 내게 공포로 덮쳐왔다. 압박감에 시달리던 어느 날, 빈 교실에 주저앉아서 소리 죽여 통곡했다. 울면서 엄마한테 전화했다. 말수 적은 막내딸이 그것도 울면서 전화를 하니 엄마가 얼마나 놀라셨을까?

"엄마, 너무 힘들어요. 학교 그만 둘래요."

"일을 그만 두면 어떻게 살려고?"

"굶어 죽을래요."

엄마는 나를 말리지 않으셨다. 엄마만이 줄 수 있는 위로를 해 주셨다. 위기는 지나가고 나는 살아남았다. 학교 가까운 곳으로 급하게 이사를 한 것이다. 그 후로 새로운 교사가 오면 나는 학교에 대한 정보를 최대한 자세하게 알려준다. 내 교실을 사용하게 될 선생님에게는 쪽지를 남긴다. 내 업무를 이어받을 담당자를 위해 편지를 준비해 둔다. 회식도 챙긴다. 단, 그들은 나처럼 어벙한 교사가 아니기에 곧바로 적응한다.

# 청소당번

××××××××

아이들의 공부능력은 점점 좋아지는 데 그에 반해 일상생활능력 지수는 떨어진다. 많은 아이들이 청소시간마다 매우 힘들어한다. 청소 용역이 생겨서 청소할 곳이 많이 줄어들었음에도 그렇다. 청소당번만 교실에 남아 있을 때 업무회의로 교실을 비울 일이 생길 수 있다. 돌아와 보면 빈 교실에 청소함 문은 활짝 열려 있고 청소도구들은 여기저기 흩어져 있다. 당번들이 그냥 내뺀 교실은 더 어지럽혀져 있다. 청소할 구역을 정해 주면 자기가 맡은 곳만 후다닥 청소하고는 가방 메고 가 버린다. 누군가 먼저 떠나면 남은 아이들은 마음이 급해져서 청소가 더 힘겨워진다. 미술이 든 날은 종이 쓰레기가 많아 쓸다 보면 허리가 아프다. 간혹 청소를 잊고 집에 간 아이는 대역 죄인이 된다. 책임감을 더해 주고 청소당번 횟수는 줄여주기 위해 당번 수를 줄여보았다. 6명에서 3명으로. 신기한 것은 6명이 청소하나 3명이 청소하나 걸린 시간은 15분으로 같다는 것이다. 청소할 때 말이 많은 당번들은 청소시간은 오래 걸리나 교실은 깨끗해지지 않는다. 과묵한 청소 팀은 그 반대다. 우리 반 게시판에는 청소 요령에 대해 적혀 있다. 아이들은 그것을 보면서 청소를 한다. 오랜 줄다리기를 하다가 결국 청소 경력이 풍부한 어른 인력을 투입하였다. 바로 나다. 수업이 끝나자마자 당번들과 함께 청소를 시작했다. 당번들과 작별 인사를 나누고 나서야 내 업무를 위해 컴퓨터 앞에 앉았다.

그날 청소당번에는 호영이가 끼어 있었다. 학원 때문에 아들을 픽업해야 하는 호영이 엄마께서 교실에 들어오셨다.

"호영이가 학원시간에 늦어져서 제가 청소를 도와주려고 왔어요. 어머, 선생님도 청소하시는 거예요? 어쩐지 교실이 깨끗하다 했어요."

나는 청소 마무리를 할 때 정전기 청소포를 쓰곤 하는데 매일 매일 엄청난 먼지가 달려 나온다. 그걸 보는 아이들이 질겁할 정도로. 인구밀도 높은 교실에서는 청소가 답이다.

# 새 학기 첫날

xxxxxxx

우리 반은 1년 중 단 하루는 조용하다. 바로 3월 2일 새 학기 첫 날이다. 새 담임 선생님을 탐색하느라 숨을 죽인다.

개학하기 1주일 전쯤 학급배정이 된다. 그 해에 만날 아이들은 제비뽑기로 결정된다. 인생은 복불복이니까. 나는 새로운 아이들의 이름을 읽고 또 읽는다. 소리 내어 읽고 또 읽는다. 그 이름을 번호 순으로 외운다. 학교 안에 남아 계신 전 담임 교사를 순회하며 아이들에 대한 사전 정보를 얻는다. 봄 방학은 사라진지 오래다. 매일 출 근하여 새 학기 준비를 한다.

교실을 치우고 짐을 정리한다. 신발장과 사물함에 번호표를 새로 붙이며 교실을 꾸민다. 아이들이 등교하면 바로 자기 자리를 찾아 앉을 수 있도록 좌석표도 만들어 붙인다. 개학 전날은 잠을 이루지 못한다. 어떤 아이들을 만나게 될까 걱정이 되어 긴장이 극에 달한다. 나의 1년을 좌우할 대상들이니까. 부모님들도 스트레스가 심할 것 같다. 내 아이의 1년이 달린 담임 교사에게 얼마나 신경 쓰이겠는가? 공장에서 만든 공산품이 아니다 보니 교사들마다 다 제각각이다.

첫날의 낯선 분위기를 줄이고자 교실을 들어서는 아이들에게 핫초코를 준비해서 주기도 했다. 이름 스티커를 제작 주문하여 선물로 주기도 했다. 첫날은 목이 더 아프다. 아이들이 유일하게 조용한 날인데 중요한 얘기는 이날 다 해야 하지 않겠는가? 선생님이 가끔 이름을 잘못 부를 때가 있는데 그것은 뇌세포가 낡아서 그런 거라고 양해를 구한다. 학교폭력예방 교육도 이날이 적기다. 아이들은 첫날에 들은 것은 기가 막히게 잘 기억한다. 번호 순으로 개인 사진을 찍고 단체 사진도 찍는다. 수업은 하지 않고 여러 가지 활동으로 채운다. 부모님께 드리는 인쇄물을 나누어준다. 담임 교사 연락처, 학급운영 방침, 부탁드리는 내용 등이 적혀 있다. 신기하게도 부모님들께서는 첫날에 받은 인쇄물은 꼼꼼하게 읽어보신다.

집에 돌아와서는 그날 찍은 아이들의 사진을 넘겨보며 이름과 얼굴을 연결시킨다. 새 학기 첫날은 아이들과 부모님, 교사 모두가 두렵고 긴장되고 설레는 날이다. 다음 날부터 아이들은 떠들기 시작한다. 나는 일명 '애들을 잘 못잡는 교사'이다. 내 딴에는 엄격하게 하는데 전 담임 선생님을 못 따라가나 보다.

"이반 아이들은 참 자유롭네요. 오우, 그런데 할 건 다 하네요!"

자유로운 어린 영혼들은 떠들면서도 할 건 다 한다. 떠들면서도 배울 건 다 배운다. 해마다 첫날이면 첫 단추를 잘 끼우고 싶다.

# 기피 학생, 기피 학년

××××××××

학년이 끝나 갈 무렵이면 이런 전화를 받게 될 때가 있다.

"다음 학년에서는 우리 아이와 수정이를 떨어뜨려 주세요."

이러한 달갑지 않은 특별 주문이 들어오면 반 편성 작업이 좀 복잡해진다. 두 학생이 같은 반으로 다시 만나게 될 경우 다른 선생님들의 양해를 구해 조정을 해야 한다.

내가 도움이 될 수 없는 경우는 이런 때이다.

"이정희 선생님이 내년에 4학년을 맡으신다면서요. 우리 아이 2학년 때 선생님이었어요. 승재가 그 선생님을 다시 만날까봐 전학을 시켜달라고 하네요!"

"뚜껑을 열어 본 다음에 결정하셔도 늦지 않습니다."

담임 교사를 바꿔 줄 권한이 없는 나는 두 사람의 인연이 다시 이어지지 않기만을 바랬다. 다행히 승재의 전 담임 선생님이 휴직을 하고 해외로 나갔기 때문에 문제는 해결되었다.

반 배정을 하는 것은 1년 농사를 준비하는 농부들의 마음과 비슷할 것이다. 다음 담임 교사를 위한 최대의 배려이기도 하다. 겨울방학을 마치면 학교 내규에 의해 반 편성 작업을 한다. 필요한 자료를 들고 모인 선생님들의 표정은 숙연하다. 기본 편성이 끝나면 각 반 선생님들은 (블랙)리스트 분포를 확인한다. 이 특별한 아이들은 여러 반으로 골고루 흩어지게 해야 한다. 다음은 앙숙관계를 찾아 떨어뜨린다. 만나면 암흑의 화학작용을 일으켜 주변을 감염시킬 관계도 찾아 떨어뜨린다. 전학 갈 날을 받아 놓은 아이들을 고려하여 학급 재적을 조정한다.

학교에는 매년 '기피학년'이라는 것이 생긴다. 그러한 학년은 전입 교사들에게 돌아가기 마련이다. 내게 5학년이 주어진 것도 그런 이유였다. 여러 학교에서 전입해 온 선생님들은 의기투합하여 우리 반, 남의 반 할 것 없이 열심히 아이들을 단속하였다. 각오는 하였지만 소문보다 더 거친 아이들이었다. 힘든 해를 열심히 보내고 나서는 다음 해에도 똑같이 5학년을 맡자고 약속하였다. 다음 5학년은 '천사가 따로 없다.'는 찬사를 듣는 아이들이었다. 반 편성 작업은 그 어느 때보다도 신중하였다. 특별 리스트가 넘치도록 많았기 때문이다. 만나면 상승 작용을 일으킬 위험이 있는 아이들을 찾고 또 찾아서 떨어뜨렸다. 그렇게 하고서도 다음 날 다시 모여서 또 살펴보고 수정에 수정을 거듭했다. 이만하면 우리가 할 수 있는 것은 다 했다 하고 손을 놓았다. 약속대로 다음 학년에도 선생님들은 함께 뭉쳤지만 학년은 6학년이었다. 인고의 세월을 보내고 드디어 손에서 놓았던 아이들을 다시 데리고 올라가게 된 것이다. 어느 누구도 지원하지 않는 그 6학년은 교장 선생님에게 큰 고민거리가 되었다. 우리 멤버들은 한 명씩 한 명씩 교장 선생님과 면담을 해야 했다. 다른 멤버들을 따라 학년 배정 희망서의 숫자 5를 6으로 고쳐서 다시 냈다. 교장 선생님은 6학년을 아주 중요한 학년으로 생각하는 분이었다. 6학년은 학급을 1개 더 늘려 학급당 인구밀도를 줄여 주었다. 6학년 교사들의 학교 업무는 줄여주거나 없애주었다. 그런 분의 부탁을 거절할 수 있는 독한 교사는 없다.

이틀간에 걸쳐 반 편성을 했던 그 아이들은 그 해 아무 사고 없이 졸업을 하였다. 학교 업무가 줄거나 없어지니 교실에서 오직 아이들만 보살필 수 있었던 것이 큰 보탬이 되었다. 아이들의 과거를 속속들이 아는 전 담임 선생님들이 다수 포진하고 있으니 아이들도 행동이 조심스러울 수밖에 없었나 보다. 한 반에서 예상치 못한 다크호스가 나타난 오류가 있었지만 5학년 때 하고는 판이하게 달라진 안정된 분위기를 유지할 수 있었다. 반 편성의 위력을 실감했던 해였다. 그 다음 해에도 그 멤버 그대로 6학년에 눌러 앉았다. 아껴 두었던 그 아이들이 올라오고 있었던 것이다. 교장 선생님이 바뀌니 6학년 학급수가 늘어나지 않았다. 6학년 담임 교사에게 학교 업무가 다시 배정되었다. 우리는 드디어 기다리던 천사들을 맞아들였다. 6학년이라고 똑같은 6학년이 아니었다. 편안한 마음으로 천사들과 즐겁게 잘 지냈다.

# 학교에서 아침 먹는 날

×××××××

민수는 5, 6학년을 나와 함께 보냈다. 졸업식을 며칠 앞두고 민수 엄마께서 학교에 오셨다.

"민수가 선생님과 함께 한 2년 동안 학교에 즐겁게 다녔습니다. 아이가 한 가지 아쉬워했던 것이 학교에서 음식을 많이 못해 먹었던 일이라고 하네요."

주5일제가 되기 전에는 토요일에 음식을 해 먹는 날이 많았다. 학교에서 점심을 해결하고 가니 부모님께서도 좋아하셨다. 토요일에 학교에 나오지 않게 되니 음식 해 먹기가 어려워졌다. 실과 실습이라도 있어 음식을 해 먹으면 배가 안 고프다며 급식을 먹지 않았다. 민수 엄마를 만난 후 뒤늦게 고민을 하다가 '그럼, 아침을 학교에서 먹으면 되겠네!' 하는 생각이 들었다. 곧바로 민수의 후배들에게는 '학교에서 아침 먹는 날'이 생겼다.

한 달에 한 번은 아침을 굶고 학교에 왔다. 이날은 아이들이 웃으며 교실에 들어선다. 지각이 없는 날이다. 모둠별로 모여 손을 씻

고 음식을 준비한다. 재료가 빠졌거나 부족해도 문제없다. 남아도
는 다른 모둠이 꼭 있기 마련이다. 나는 잘 살펴보다가 재료 중개
에 나선다. 모둠마다 돌아다니며 다른 맛도 먹어보게 한다. 맛있게
먹고 책상 위를 치우다 보면 1교시를 알리는 종소리가 울린다. 다
른 반 아이들은 우리 반에서 무슨 일이 벌어지는지 알아채지 못했
다. 고학년은 불을 사용한 음식을 만들어 먹기도 했지만 아직 손이
서툰 더 어린 학생들과는 간단한 음식을 해 먹었다. 안전을 위해 칼
은 사용하지 않았다. 아침 먹는 날 이틀 전에 준비물과 주의할 내용
을 적은 인쇄물을 나누어 주었다. 아이들은 모둠끼리 둘러 앉아 각
자 맡을 준비물을 의논하였다. 이 시간이 가장 진지하고 열정적이
다. 메뉴는 내가 정해 주지만 음식재료는 모둠원들의 식성과 알레
르기 증상을 고려하여 알아서 준비하였다. 음식이 남으면 안 되기
때문에 양은 구체적으로 정해주었다. 3월은 모둠의 화합을 위해 비
빔밥을 해 먹는다. 주먹밥, 유부초밥, 샌드위치, 꼬마김밥은 아주 간
단해서 좋다. 날이 더울 때는 우유빙수, 화채를 먹는다. 추석을 앞두
고서는 햇과일, 떡 등을 먹는다. 찐 고구마, 찐 감자, 삶은 달걀, 단
호박찜은 참 좋은 간식이 되어준다. 날씨가 추워지면 컵라면, 어묵
탕, 떡볶이가 제격이다. 설날을 앞두고 떡국을 끓여먹기도 했다. 추
운 날 아침에는 교실 문을 들어서는 아이들에게 핫초코 한 잔을 건
네주기도 한다. 민수 덕분에 생겨난 일이다.

# 컴퓨터와 스마트폰

×××××××

    학교에 오는 외부 강사들은 모두가 USB를 내민다. 아주 훌륭한 프레젠테이션 자료가 들어 있다. 슬라이드 배경이 매우 멋지다. 중간에 동영상 자료도 꼭 들어 있다. 숨죽이고 본다. 매우 감동적이다. 동영상 덕분인지 강의시간이 훌쩍 지나간다. 우리 반에도 외부 강사가 온다. 미안한 문제가 생긴다. 오래된 컴퓨터가 외부기기를 잘 인식하지 못하는 것이다. 강사는 초조해 한다. 천신만고 끝에 슬라이드 화면이 떠오르면 그제야 수업을 시작할 수 있다.

    복도를 지나가다 교실 안을 들여다 보노라면 대부분의 교사들이 컴퓨터 화면에 눈을 고정시키고 있다. 내 눈도 마찬가지다.

    컴퓨터가 없던 시절을 어떻게 살았는지 모르겠다. 나는 글씨를 반듯하게 쓰지 못한다. 상장이나 졸업장을 만들 때는 글씨 잘 쓰는 선배 교실에 가서 머리를 조아려야 했다. 종이 생활기록부를 쓸 때마다 혹시 글씨를 잘못 쓸까봐 조마조마했다. 전자결재시스템이 없던 시절에는 결재판을 들고 온 학교를 헤매 다녀야 했다.

어디나 마찬가지겠지만 컴퓨터가 작동이 안 되면 학교는 망한다. 이 고마운 컴퓨터에게 너무 의존하는 것 같다. 컴퓨터 화면을 계속 봐야 하니 멀미가 난다. 어느 날 부터 파워포인트 프로그램으로 자료를 만들 때 하얀 슬라이드 배경만 사용하였다. 아무런 효과 없이 최대한 단순하게 만들었다. 컴퓨터를 쓰지 않고 칠판에 글씨를 써 가면서 내가 직접 이야기를 들려주었다.

스마트폰이 생기면서 가장 고마운 것은 카메라를 따로 들고 다니지 않아도 되는 것이다. 아이들 사진을 찍어 바로 바로 학부모용 SNS에 올린다. 아이들이 노는 모습을 동영상으로 녹화하여 올린다. 학급학예회를 열면 모든 아이들의 동영상을 올려 참석하지 못한 부모님도 보실 수 있게 한다. 사진이나 동영상 자료를 교실에서 활용해야 할 경우가 생기면 PC버전으로 들어가서 바로 보여주면 된다. 학년이 끝날 무렵이면 그동안 찍은 동영상을 보면서 한 해를 돌아본다. 어딜 가든 전화기를 내 몸의 일부처럼 반드시 챙겨야 한다는 단점은 있다.

학생들의 모습도 많이 달라졌다. 등교하면 휴대전화기의 전원을 끄고 가방에 넣어 두도록 한다. 미술시간에 참고 작품을 보여 주고 나서 자신의 작품을 만들게 하면 여기저기서 "전화기 켜도 되나요? 못하겠어요. 인터넷 검색해서 참고하고 싶어요." 하는 아이들이 생겨났다. 수업시간에 멍한 눈빛으로 앉아 쉬는 시간만 기다리며 공부하기 싫다고 노래를 부르는 아이들도 스마트폰만 켜면 눈빛이 살아난다. 모든 수업이 끝나고 작별 인사를 나누자마자 아이들은 휴대전화 전원을 켜느라 바쁘다. 새로운 달이 시작되면 데이터가 충전 되는 날이라고 좋아한다.

유행성 결막염에 걸려 1주일 동안 등교 중지를 해야 했던 가연이는 '게임 실컷 할 수 있겠다.'며 좋아하였다. 전염성 눈병이 나았다며 한참 만에 돌아온 가연이의 눈은 '다 나은 게 맞나?'싶을 정도였다. 눈은 빨갛게 퉁퉁 부어 있었다. 눈이 시려서 뜨기조차 힘들어 했다. 눈에서는 눈물이 계속 났다. 치료 중에도 스마트폰 게임에 눈을 혹사하여 심한 염증이 생긴 것이다.

편리하고 재미있는 이 기계는 해롭기까지 하다. 부모님들이 스마트폰의 유해성에 대해 경계하며 자녀들에게 많은 관심을 기울일 여유가 있는 가정은 그나마 덜하다. 집에 아이(들)만 있는 시간이 많은 가정일수록 스마트폰에 의존하는 학생들이 많다. 중독에 대한 교육을 많이 받다 보니 아이들은 죄책감 속에서 스마트폰에 빠져 있다. 방학과제로 아이들이 가장 많이 선택했던 과제가 '하루 동안 스마트폰 꺼 두기'였다. 참여했던 아이들은 모두 성공했다. 안절부절 못하는 불안한 시간을 이겨내고 끝까지 전원을 켜지 않았던 자신들에 대해 뿌듯함과 자신감을 느꼈다고 적혀 있었다. 나는 아이들에게 응원을 보내는 댓글을 적어 주었다.

# 심부름

×××××××

교실에 심부름을 오는 아이들은 보통 정해져 있다. 똑똑한 아이일 가능성이 높다. 서류가 분실되면 업무 진행에 낭패를 보기 때문이다. 나는 아이의 손에 있는 것을 받으면서 고맙다는 인사를 한다. 심부름은 참 좋은 공부이기도 하다. 우리 교실에서도 다른 교실로 배송서비스를 해야 할 일이 많이 생긴다. 나에게도 심부름 할 학생에 대한 기준이 있다. 내 책상 주변에서 놀고 있는 한가한 학생이나 나에게 말 걸러 나왔던 학생이 붙잡힌다.

"나온 김에 운동 삼아 여기에 다녀오자."

아이들은 학교에서 심부름 하는 것을 몹시 좋아한다. 단순한 심부름이 생겼을 경우 일부러 한 번도 선생님 심부름을 안 해봤을 것 같은 학생에게 부탁한다. 가다가 헤매지 않도록 교실 위치까지 적어서 준다. 가끔은 이런 특별 주문도 한다.

"동생 반에 전해드리고 와."

"5학년 때 선생님 책상 위에 놓고 오면 돼."

아이는 듣자마자 바람처럼 튀어 나간다. 심부름을 다녀 온 아이에게는 배송 완료를 확인한 후 수고했다는 인사를 건넨다.

나의 5학년 담임 선생님은 나에게만 심부름을 시키셨다. 처음에는 다른 학생들에게 시켰다가 답답해 하시더니 그 이후에는 내 이름만 부르셨다. 그 선생님은 말끝을 무성의하게 흐리는 습관이 있었다. 제대로 알아듣지를 못했지만 다시 물어 볼 용기가 없었다. 일단은 교실 밖에 나와서 내가 채 알아듣지 못한 말까지 퍼즐을 맞춰 본 후에 방향을 잡고 움직였다. 교실에서 선생님이 내 이름을 부를 때마다 긴장되고 걱정이 되었다.

"이거 5반 선생님 갖다 드릴 수 있니?"
"싫어요."
"왜?"
"그 선생님 무서워요."
이렇게 거부당할 때도 있다. 더구나 지원자가 아무도 없다. 할 수 없이 그 반에는 내가 직접 다닌다. 나에게도 그 선생님은 무섭다.

# 아이들의 멍은 나에겐 곧 죽음

××××××××

내가 학교에 다녔던 초중고 12년 동안 학교에 쫓아오는 학부모를 단 한 명도 만나지 못했다. 그때는 학교 환경이 훨씬 형편없었다. 인권의 인자도 모르는 교사들이 수두룩했다. 교원자격증이 있기는 한가 싶을 정도로 수준 이하인 교사들도 있었다. 그때 학생이었던 사람들이 지금은 학부모가 되었다. 그들은 학교를 어떤 시선으로 바라볼까? 나는 가끔 학부모들의 횡포가 그들이 학생이었을 때 생겨난 피해의식의 결과가 아닐까 상상해 본다. 문제의 원인이 가정에서 비롯되었음에도 학교를 향해 분노를 폭발시키는 부모님이 허다하다. 많은 교사들이 학부모로부터 괴로움을 받는 것을 봐 왔다. 별의별 요구를 하고, 아이의 말만 듣고 교사를 왜곡하고, 불만이 생기면 바로 교장실에 전화한다. 자신의 아이에게 불이익이 갈 수 있다는 되지도 않은 이유를 들며 신분을 감춘 채 여기저기 민원 전화를 걸기도 한다. 따지지 않으면 손해 본다는 강박증이 있나 싶을 정도이다. 못된 교사가 그런 일을 당하면 쌤통이다 싶겠지만 오히려 선량한 교사를 걸고넘어질 때가 많다. 이런 민원이 생기면 학교 관리자나 장학사들은 교사에게 무슨 말을 할까? "열심히 하지 마. 민원 생기잖아!" 교권이고 나발이고 사람은 누구에게나 인권이 있다는 것만 잊지 않았으면 좋겠다. 그런데 학부모가 못되게 굴면 교사는 어디에 전화해야 하나요?

앞에서 등장했던 왕 지각대장 희준이는 지각보다 훨씬 더 강렬한 기억을 주고 갔다. 전담 교과 시간(과학)이 두 시간 연달아 있던 날이었다. 과학 선생님에게 교실을 내주고 협의실에 가 있었다. 쉬는 시간이 되면 여느 때처럼 교실에 가 있을 생각이었다. 그날따라 함께 있던 선생님의 말이 길어져서 자리를 못 뜨고 동동거리고 있었다. 문이 벌컥 열리고 "희준이와 주원이가 싸워요!"하며 뛰어들어오는 우리 반 남학생이 있었다. 교실로 뛰어와 보니 아직도 김을 펄펄 내며 씩씩거리는 두 아이를 다른 남학생들이 팔을 붙잡고 있었다. (나는 담임 교사가 없는 상황에서 싸움이 벌어질 경우 팔을 붙잡고 두 학생을 최대한 멀리 떨어뜨려 놓으라는 당부를 해 둔다.) 이야기를 들어보니 둘이서 놀리다가 결국 치고 박고 싸운 것이다. 두 아이는 친하지 않아 평소에는 같이 어울리지 않았다. 주원이는 다혈질에 속했다. 희준이는 다른 아이들에게 부아가 치밀게 하는 말이나 행동을 할 때가 있었다. 시작종이 울려서 과학 선생님에게 교실을 내주고 나와야만 했다. 수업 끝나면 마저 얘기하자며 다시 협의실로 갔다. 양쪽 부모님께는 싸운 사실을 간단히 문자로 알렸다.

수업이 끝나고 교실에 가 보니 희준이 얼굴에는 주원이 주먹에 맞은 흔적이 올라오고 있었다. 두 아이랑 얘기를 나누며 싸운 것에 대한 반성문을 쓰게 했다. 두 아이는 시시덕거리며 연필을 움직였다.

"아까는 서슬 퍼렇게 열을 올리더니 지금은 언제 그랬냐는 듯이 웃고 있음 어떻게 하니?"

셋이서 도란도란 이야기하며 반성문을 채우다가 글씨가 빠른 주원이가 먼저 일어나 집으로 갔다. 그때 교실 문이 벌컥 열리더니 희준이의 부모님이 들이닥쳤다. 아이의 얼굴을 보더니 삿대질이 시작되었다.

"아이가 이 지경이 되도록 맞았는데 얼마나 겁이 났겠어요? 바로 나한테 보내고 보호를 했어야죠? 선생님이 이래도 돼요? 무서워서 아이가 학교에 다니겠어요? 우리 희준이가 얼마나 약하고 착한데. 천사 같은 아이한테 어떻게 이럴 수 있어요? 얼마나 큰 상처를 받았겠어요? 당장 가해자 엄마 전화번호 내 놔요!"

희준이의 아빠는 아들에게만 한 말씀하셨다.

"그걸(주원이를) 죽여 놨어야지 그냥 됐어?"

엉겁결에 불공정 교사가 되어 버린 나는 손이 발이 되도록 사과하였다. 희준이는 교실을 휩쓸고 있는 부모님의 횡포를 당연한 듯이 지지하고 있었다. 고성이 가라앉고 상황이 겨우 진정된 후 희준이는 부모님의 품에 안겨 사라졌다. 나는 주원이 엄마께 이 심상치 않은 등장인물을 알려 드렸다.

"괜찮아요. 나도 어린이집 교사라 학부모들을 많이 만나잖아요. 희준이집 가게에서 식사를 몇 번 해서 부모님 얼굴도 알아요. 저녁에 퇴근해서 남편이랑 그 집 가게로 갈게요. 너무 걱정 마세요."

사과하기 위해 멍든데 바를 약을 사 들고 희준이집 가게로 찾아가신 주원이 부모님은 참담하게 깨졌다. 학교폭력 가해자, 신고 등등 온갖 위협, 협박, 악담이 쏟아졌다고 한다. 주원이 엄마께서는 끓어오르는 화가 폭발 직전인 남편을 달래느라 더 고생하였다. 나는 이번에는 주원이 부모님을 위로해야 했다. 다음 날부터 희준이 부모님은 아들을 학교에 보내지 않았다. 그날 수업이 끝나고 불쌍한 가해 학생이 된 주원이가 교실 안을 서성였다.

"집에 가지 않고 왜 그러고 있니?"

"무서워서요. 희준이 누나가 학교 앞에서 저를 기다리거든요."

희준이의 누나가 동생을 때린 아이를 혼내주겠다며 학교 앞에 와 있다는 것이다. 욕을 입에 달고 살아 소문이 자자했던 중학생 아이였다.

"온 식구가 다 나섰네?"

주원이에게 보디가드를 붙여서 집으로 보냈다.

나는 다시 손이 발이 되도록 희준이의 등교를 애원했다. 천만다행으로 며칠 후 겨울방학이 시작되었다.

그 당시 내 메모에는 이렇게 적혀 있었다.

'교실에서 남자 아이 둘이 폭력 사태를 빚었다. 맞은 흔적이 남은 아이 쪽 부모가 자지러지는 바람에 내가 얼이 다 빠져 버렸다. 함께 싸워 놓고선 학교 보내기 무섭다며 등교 거부까지 하고. 그 부모에 그 자식.'

멍든 것이 그렇게 대수인가? 여기저기 부딪치는 것이 일인 내 몸은 멍에 대한 민감성이 없었다.

그 후로 우리 반 아이들은 얼음주머니와 매우 친해지게 되었다. 조금이라도 다치면 바로 얼음주머니를 대게 했다. 아이들의 멍은 나에게 곧 죽음이다.

## 성교육

✕✕✕✕✕✕✕

내가 초등학생이었을 때는 성교육 자체가 없었다. 졸업을 앞두고 6학년 담임 선생님께서 여학생만 따로 교실에 두어 '초경'에 대해 설명해 주신 것이 다이다. 그것도 교대 졸업한지 얼마 안 된 젊은 여자 선생님이라 가능했을 것이다.

지금은 보건 교사가 성교육을 따로 해주고 있다. 초등학교 안에서도 성문제는 생겨난다. 학생들끼리 성추행이 생겼을 때 교사는 매우 엄격하게 대처한다. 수업시간에 이미 배웠기 때문에 아이들도 찍소리 못한다. 성스러운(?) 질문이 들어올 경우 매우 담담하고 사실적으로 대답해 준다. 남교사들은 여학생들과의 신체 접촉을 몹시 난감해 한다. 가장 힘든 경우는 음란 동영상에 노출되어 있는 사회환경이다. 안전장치가 없다. 아이로 존재하는 기간이 참 짧다는 생각이 들 정도로 성인문화에 빨리 물든다. 직장내 성희롱 예방교육을 들을 때면 성희롱을 일삼는 교장 선생님일수록 강사를 불편해 한다. 가장 비극적인 것은 교사와 학생 간에 일어나는 일일 것이다.

나는 성추행 피해 학생이었다. 5, 6학년 때 교장 선생님에 의해서였다. 몇 명의 여학생이 교장실 청소당번으로 정해졌다. 다른 아이들과 어울려 떠들지 않고 혼자서 묵묵히 청소만 하는 내가 표적이 되었다. 교장 선생님은 아무도 없을 때면 책상 서랍을 열어서 내게 선물을 주셨다. 교장실에 따로 부르기도 하셨다. 부담스러워 어찌할 바를 몰랐다. 게다가 교장 선생님 지시로 교장실 청소는 나 혼자만 하게 되었다.

"이번 어린이날에는 네가 모범어린이상 표창을 받게 될 거야. 담임 선생님한테도 말해 두었다."

어린이날 기념행사에서 나는 구령대에 올라 상을 받아야만 했다. 설상가상으로 관사 청소까지 맡겨졌다. 시골학교라 학교 울타리 안에는 넓은 마당이 있는 교장 선생님 관사가 있었다. 사모님께서 병으로 돌아가셔서 교장 선생님 혼자 지내고 계셨다. 어리광쟁이로 자란 나에게는 낯선 일들이 주어졌다. 청소뿐 아니라 빨래를 한 적도 있고 생선을 다듬을 때도 있었다. 관사에 아무도 없으면 부리나케 청소만 하고 뒤도 안 돌아보고 뛰어왔다. 교장 선생님이 계시면 안마는 기본으로 해야 했다. 하루는 교장 선생님이 나를 뒤에서 안고 양손으로 가슴을 만졌다.

"크려면 아직 더 있어야겠구나."

나는 먹을 것에 초연하여 키 크는 속도와 달리 가슴은 발육부진이었던 것이다. 가슴이 계속 안 자라기만 바랐다. 교장 선생님이 내게 하고 있는 신체 접촉에 대해 아무에게도 말하지 못했다. 불안한 날들이었다. 그나마 다행이었던 것은 교장 선생님 막내딸이 가끔 관사에 들러 주었다는 것이다. 그 언니는 아버지의 접근을 막았다. 내게 청소를 하지 못하게 했다. 같이 놀거나 텃밭의 완두콩을 따서 쪄 먹기도 했다. 함께 버스타고 읍내에 나가 다방 구경도 시켜주었다. 언니는 커피, 나는 요구르트를 마셨다. 내게는 그 언니가 방패였다.

어느 날 집으로 돌아오는 길에 이웃마을 사는 5학년 경희랑 같이 오게 되었다. 아주 예쁘장한 아이였다. 그 아이가 수다를 떠는데 교장 선생님이 등장하는 것이다.

"어머 너한테도 그러시니?"

"언니도? 그런데 언니는 안 아팠어? 나는 많이 아팠는데…."

'이것이 무슨 소리람? 애는 그냥 만지는 수준이 아닌 것인가?'

대답도 못하고 질문도 못하고 말았다.

중학교에 입학하자 관사로부터 벗어날 수 있었다. 교장 선생님의 딸이 없었으면 나는 어떻게 되었을까 생각하니 아찔하였다. 가끔 교장 선생님에게 쫓겨 다니는 악몽을 꾸었다. '나는 이제 중학생이야. 안심해. 더 이상 만날 일은 없어.' 6학년 때 담임 선생님은 얼마 안 있어 다른 학교로 옮겨가셨다. 그분이 경희의 일을 교육청에 알렸다고 들었다. 문제의 그 경희를 고등학교 때 또 만났다. 우리 학교로 전학을 온 것이다. 전에 있던 학교에서 한 남자 선생님과 일이 생겼기 때문이라고 들었다.

　대학을 다니는 동안 지하철과 버스에서 숱한 성추행을 겪었다. 잠깐 나타났다가 사라지긴 했지만 지하철 '여성전용칸'이 고마웠다. 졸업을 했는데 성추행은 졸업하지 못했다. 발령을 받고 나니 나이든 남자 선생님들이 노래방에서 나를 껴안고 춤추자고 이끌었다. 예의상 해드렸다. 그때는 다 그랬다. 나이트클럽에서 교장 선생님께서 나를 껴안고 입을 맞춰도 '술에 많이 취하셨나 보다.' 했다.

　학교가 이 정도였는데 학교 밖에서는 어떠한 일들이 벌어지고 있었을까? 담배를 팔면서 흡연 예방교육을 하게 하듯이 왜곡된 성문화를 팔면서 성교육을 하라고 하는 세상이 힘들다.

## 양성평등

×××××××

체육시간이다. 모처럼 운동장이 텅 비어 있으니 축구하기에 딱 좋다. 남학생들을 두 편으로 나누어 축구경기를 시작했다. 여학생들은 운동장 너머에서 줄넘기 연습을 했다. 시간이 지나자 이번에는 여학생을 불러들였다. 남학생들은 아쉬움을 남기며 줄넘기를 들고 운동장 너머로 퇴장했다.

"우리는 축구 못해요! 안 해봤어요! 규칙도 몰라요!"

소리소리 지른다.

"규칙이고 뭐고 간에 다 무시하고 공만 차면 됩니다. 개떼 축구 시작!"

나는 호루라기를 분다. 유소녀 축구팀인 아이 빼고는 아무도 규칙을 모르지만 알아서 역할을 정해서 한다. 5분 정도 지나니 여기저기 헐떡거리며 주저앉는다.

"선생님, 힘들어 죽겠어요!"

"죽으면 안 되지? 소중한 생명을 위해 그만 할까?"

"안 돼요."

벌떡 일어나 다시 공을 쫓아간다. 그날 이후 점심시간이면 남학생들 틈에 끼어 축구하는 여학생이 생겨났다.


사회시간에 양성평등을 배우는 단원이 있다. 수행평가에 해당하여 학습지를 나누어 주었다.

"어, 선생님은 성차별 안하는데…. 선생님, 1번 문제 어떻게 풀어요?"

종이를 들여다 보니 학급 안에서 벌어지는 성차별 예를 적어보라는 것이다.

"남학생들은 할 말이 좀 있을 텐데요?"

그러자 남자아이들 머리 위에 전구가 켜졌다.

남자아이들은 '여자를 때리지 말라.'는 말을 듣고 자라나 보다. 여자를 때리는 남자는 못난 놈이 된다. 여자아이들은 영악해서 이것을 이용할 줄 안다. 학교 안은 놀리는 남학생과 쫓아가서 때리는 여학생으로 넘쳐난다. 인기 있는 여학생일수록 쫓아갈 일이 많아진다. 남학생들은 늘 맞고 있다. 어쩌다 남학생이 발끈하여 맞받아 때리면 여학생은 대성통곡을 한다. 친구들이 몰려들어 울고 있는 여학생을 에워싼다. 그 남학생은 졸지에 못난 놈이 되어 비난의 돌무덤에 묻혀 버린다.

남녀를 떠나 사람은 서로가 때리면 안 된다고 말리고 말려도 소

용없다. 어느새 여학생들은 손이 올라가 있고 발이 올라가 있다. 나
는 남학생들의 애환을 위로해 준다.

# 아이들도 선생님도 건망증

×××××××

아이들은 잘 잊는다. 잊고 또 잊는다. 학교에서는 가정으로 엄청나게 많은 안내장을 보내고 있다. 홈페이지를 통해, 스마트폰 앱을 통해, 인쇄물을 통해서. 너무 많으니까 뭔 내용인지도 모른 채 나누어 주기에도 바쁘다. 신청서, 동의서, 설문지 등등 어마어마한 양이다. 이것을 일일이 읽으시는 여유 있는 부모님들이 있을까 싶다.

"부모님 숙제니까 꼭 보여드리세요. 써 주신 것은 다시 잘 가져오세요."

부모님들께는 따로 문자메시지를 보내서 안내장을 확인하도록 한다. 나누어 주는 것이 많으니 걷어야 하는 것도 많다. 제때 안내는 아이들이 몇 명씩 반드시 있다. 물어보면 다들 "잊어버렸어요." 한다. 아이들은 잊어버리고 교사들은 챙겨야 하는 이 일은 상당히 피곤한 일상사다. 준비물을 잊고 오는 것은 내가 챙겨주면 되지만 학교에 내야 할 서류를 잊고 오면 방법이 없다.

"연세도 젊으신 분들이 벌써부터 잊어버리면 어떻게 해? 내일은 꼭 챙겨와!"

예전과 달리 학교에서 하는 많은 일들이 학부모의 동의나 참여 속에서 이루어지기 때문에 안내장(가정통신문)의 양이 늘어났다. 직장에 다니는 바쁜 분들에게는 여간 성가신 일이 아닐 수 없다. 안내장을 줄일 수는 없을까?

나이가 드니 어느 날부터 머리와 입이 따로 놀고 단어가 떠오르지 않아 말이 막힌다. 기억력이 힘을 잃은 것이다. 머리에 과부하가 걸린 것이다. 이름을 자꾸 잘못 불러서 아이들의 원성이 자자하다. 돌아서면 잊어버리니 수첩에 적기 시작했다. 적었다는 것도 잊어버린다. 학교에 가져 갈 물건은 일부러 전날 현관 앞에다 미리 놓아둔다. 아침이면 '이게 왜 여기 있지?' 하고서는 옆으로 치우고 그냥 출근한다. 실수투성이가 되어 버렸다. 여름방학식이 끝나고 아이들이 모두 집으로 돌아간 후 전화가 왔다.

"선생님, 다른 반 아이들은 통지표를 받았던데 우리 반은 언제 주나요?"

아차, 오늘 나누어 주려고 고이 모셔둔 통지표는 내 책상서랍에 그대로 들어 있었다. 우리 반 학생들은 결국 2학기 개학날에 1학기 통지표를 받게 되었다. 그 이후로 중요한 일을 앞두면 아이들에게 부탁한다. "내가 잊어버릴 수도 있으니 여러분이 선생님을 챙겨 주세요." 방학식이 있는 날이면 "집에 가기 전에 통지표 달라는 말을 꼭 해야 해요."라고 당부한다.

잊지 않기 위한 방법으로 칠판을 활용하고 있다. 그날 교과 시간에 필요한 준비물이나 특별한 일정을 적어 놓으면 아이들이 읽어 보고 미리 준비한다. 인터폰이나 메신저를 통해 아이들에게 알려 주어야 할 연락이 오면 바로 칠판에 메모한다. 아이들은 그것을 보고 자신들에게 해당되는 것이면 알아서 잘 한다. 꼭 가져와야 하는 회신서를 죽어라고 안 내는 학생이라고 인증되면 그때부터는 아이와 씨름하지 않고 부모님과 직거래한다. 문자로 가정통신문 내용을 보내드리고 문자로 답을 받은 다음 내가 회신서를 작성해서 제출하는 것이다. 안내장을 나누어 주고 남은 인쇄물은 버리지 않고 보관한다. 어디 두었는지조차 모르는 학생에게 다시 나누어 준다. 아주 가끔 아이들이 모두 제때 회신서를 내주는 날은 그렇게 고마울 수가 없다. 뭔가를 자꾸 잊어버린다는 것은 어른이나 아이들이나 바쁘기 때문일 것이다. 한가한 사람에게는 건망증이 없을 것 같다. 그러니 심심할 필요도 있다.

## 줄서기

XXXXXXXX

조직문화를 말하고자 하는 것이 아니다. 글자 그대로 줄서기이다. 내게 고민이 하나 있는데 우리 반 아이들은 줄서기를 잘 못한다는 것이다. 해마다 그렇다. 학교는 군대 다음으로 질서 타령이 박힌 곳이라 줄을 잘 서야 한다. 줄을 서야 하는 경우는 점심 먹으러 갈 때, 특별실로 이동 수업할 때, 체육수업을 할 때, 현장학습 가서 단체 관람할 때, 운동회 등의 학교 행사가 있을 때이다. 급식실로 출발하기 전에 교실 앞에는 두 개의 줄이 만들어진다. 나의 바람은 아이들이 앞 사람 뒤통수를 보며 잘 따라와 주는 것이다. 급식실을 향한 횡단 길에 나선 아이들 중에는 여기저기 자기 볼일에 바빠서 방황하는 무리가 생긴다. 줄은 출발과 동시에 무너진다. 한참 가다 뒤를 돌아보면 내 뒤에는 10명 정도나 쫓아오고 있다.

"다들 어디 갔지? 이 정도 인원이면 시골에 있는 분교 수준인데?"

기다리다 보면 낙오된 아이들이 모퉁이를 돌아 헐레벌떡 오는 모습이 보인다. 다 모이면 급식실로 들어간다. 급식실에 들어가면 배식 받을 때까지 또 줄서기다. 혹시 젓가락에 찔리기라도 할까봐 도끼눈을 뜨고 남학생들을 감시한다. 줄서는 시간을 줄이기 위해 1등으로 밥 먹기 운동을 벌이고 있다. 끝 종이 울리자마자 출발 준비를 하는 것이다.

옆 반 아이들을 보니 끝까지 2줄을 유지하며 간격도 일정하게 조용히 움직인다. 심지어 선생님은 보이지도 않는다. '왜 우리 반 아이들은 줄을 못 서는 것일까?' 대한민국 교육은 옆집 엄마가 망친다더니 우리 반은 옆 반이 있어 비교 대상이 된다.

현장학습 가서 대규모로 움직이는 날이면 줄을 서지 못하는 우리 반 아이들은 길 전체를 덮으며 걷고 있다. 차가 지나갈 때마다 호루라기를 꺼내야 한다.

그럼 체육대회로 온 학년이 체육관이나 운동장에 줄을 설 때는? 걱정 없다. 내 앞에서는 오합지졸 당나라군에 불과하지만 마이크를 잡고 진행하는 선생님이 "거기 3반! 줄 똑바로 안 서!"라고 소리 빽 질러 주시면 자동으로 착착 뒤통수 보고 정렬한다. 아이들은 비빌 언덕과 못 비빌 언덕을 귀신같이 구별한다.

돌아보면 나도 줄 서서 다니는 것을 참 싫어했다. 줄을 못서면 어떠랴. 발밑이나 잘 살피고 다녔으면 좋겠다. 앞사람 뒤꿈치를 밟거나, 다른 사람 발에 걸려 넘어지거나, 넘어지다 우르르 인간 도미노가 되거나 하여 우리 반이 지나가는 길은 늘 왁자지껄하다.

# 아픈 기억들

박선생님은 첫 학교에서 학년 부장 선생님으로 처음 만났다. 동학년 선생님들을 들볶고, 재촉하고, 몰아세우고, 핀잔주는 히스테릭한 분이었다. 특히 새내기 후배가 몹시 시달림을 받았다. 똑똑하고 붙임성 좋아 나무랄 데가 없는 교사였지만 학급 아이들이 있는 데서도 면박받기 일쑤였다. 교실에서 울고 있는 후배 등을 쓸어 주며 위로하던 때가 있었다. 그 학년 모임이 10년 넘게 이어졌지만 박선생님을 부른 적은 없었다. 모임을 가질 때마다 박선생님은 도마 위에 올려졌다. 그 후배는 그때마다 눈에 눈물이 찼다.

"언니한테는 잘해 주었잖아? 괴롭히지도 않았고. 그런데 나한테는 왜 그렇게 모질게 했을까?"

그렇다. 그분은 나에게 어떤 나무람도 하지 않으셨다. 일에 서툰 내가 제출 일을 넘기고도 헤매고 있으면 "내가 해줄게."하면서 내 일까지 가져가셨던 분이었다.

박선생님을 다른 학교에서 동 학년으로 다시 만났다. 하루는 내게 말을 걸어 오셨다.

"요즘은 잘 지내? 4년 전이구나? 아침에 출근하다가 횡단보도 앞에 서 있는 자네를 본 적이 있어. 반가워서 아는 체를 하려는데 자네 표정을 보고는 그냥 돌아서서 학교로 들어갔어. 많이 힘들어 보이더라."

그날 모임에서도 박선생님은 여지없이 단골로 도마 위에 올라왔다. 한창 도마질을 하고 있는데 교육청에서 인사담당 일을 하고 있던 선배가

"그런데 너희들 박선생님 장례식에는 왜 아무도 안 왔어?"

뭔 소린가 싶어 눈만 멀뚱멀뚱 뜨고 선배의 얼굴을 쳐다 보니

"우울증으로 자살하셨는데 몰랐구나? 내가 너희들한테 전화했는데 아무도 안 받더라. 장례식장은 부군과 내가 지켰어. 의원 면직처리도 내가 했지."

그 후 모임에서 박선생님의 이름은 더 이상 들리지 않았다. 내가 멍하니 서서 횡단보도 신호가 바뀌기를 기다리고 있던 순간, 박선생님은 불안과 어둠의 무게에 짓눌려 위태위태한 줄다리기를 하고 있는 나를 감지했나 보다. 그리고 말없이 나를 보호해 주셨다. 동병상련의 촉수랄까. 박선생님의 영혼이 편안하시기를 빈다.


내 나이 28살, 불면증에 시달린 적이 있었다. 분리공백을 견디고 있는 중이었다. 침대 옆 서랍에는 수면유도제가 들어 있었다. 밥이

먹히지가 않아 한 달 사이에 몸무게가 7kg 가까이 곤두박질쳤다. 아이들을 피해 화장실에서 혼자 울다가 다시 교실로 들어가던 때가 있었다. 좀비처럼 퀭한 눈으로 헤매다니던 그때 우리 반 영준이가 결석을 했다. 아빠가 돌아가신 것이다.

며칠 후에 영준이 엄마께서 학교에 오셨다. 남편을 잃은 충격이 컸다. 생계와 더불어 아빠를 잃은 아들까지 돌봐야 했던 그분은 공황상태에 빠져 있었다. 더구나 부부 불화 후 벌어진 느닷없는 자살이었다. 후회와 불안과 자책으로 이어졌던 부부의 불행한 끝이 전해져 왔다. 긴 이야기가 끝나고

"어머, 선생님 죄송해요. 아직 젊은 분한테 제가 너무….”

"아닙니다. 괜찮습니다. 영준이는 형제가 없으니 강아지를 키우면 어떨까요? 시간이 약이 되어 줄 것입니다. 너무 오래 걸리기는 하지만 더 좋은 다른 약이 있는지는 모르겠습니다.”

다른 이의 깊은 슬픔이 나의 깊은 우울감에 위안을 보낸 날이었다.

'세상에는 나만 힘든 게 아니구나.'

영준이의 엄마는 아들을 위해서라도 억지로 몸을 일으켰을 것이다. 나도 교실에서 기다리고 있을 아이들 때문에 억지로 몸을 일으킬 때가 많다. 몸을 가누기 어려울 정도로 아픈 날에도 비몽사몽간에 학교로 향한다. 땅 속으로 꺼져버리고 싶은 날에도 몸을 일으켜 학교에 간다. 정신없이 바쁘게 돌아치는 학교 안에서는 아플 틈

이 없고 생각할 틈도 없다. 그 힘든 학교가 나를 여러 번 건져 올려 주었다.

6학년 유정이는 동생이 셋이었다. 내 아이, 너의 아이, 우리 아이 가 섞인 재혼 가정이었다. 막내는 젖먹이 아기였다. 결석을 하면 연 락 두절이 되었다. 엄마랑 새 아빠가 싸운 후 엄마가 내 아이 둘만 데리고 집을 나와 버린 것이다. 새 아빠의 직업이 신통치가 않은지 일을 쉬는 동안에는 아기 분유 값이 없을 때가 있다고 했다. 유정 이는 예쁜 옷이 많았는데 새 아빠가 사준다고 했다. 유정이의 한 달 용돈이 10만 원이라고 했다. 현장학습 가기 전날까지 현장학습비 가 미납 상태라 내가 행정실에 돈을 부쳤다. 유정이의 일기장은 침 울함으로 가득 차 있었다. '왜 나만 다르게 살아야 하나?' 내 댓글도 길어질 수밖에 없었지만 유정이 얼굴에서 그늘은 사라지지 않았다. 그 불안정한 가정은 자리가 잡혔을까? 유정이가 아이 같다고 했던 그 새 아빠는 철이 들었을까?

엄마를 잃은 호준이는 엄마의 빈자리보다 친구들 때문에 더 상 처 받았다.

"얘들이 엄마 없는 애라고 놀려요!"

나는 학생들 앞에서 말했다.

"우리는 모두 언젠가는 엄마 없는 애가 되는 거야. 호준이는 그것을 일찍 겪었을 뿐이란다.”

다른 사람의 아픈 점을 약점으로 악용하는 것이 우리나라의 미풍양속인가 보다. 호준이는 3학년이 끝날 무렵 아빠의 결혼으로 전학을 갔다. 새 엄마가 잘해 주신다며 웃는 날이 많아졌다. ‘엄마 없는 애’라는 놀림을 안 받게 되어 내 마음도 가벼웠다.

4학년인 유민이는 아빠가 안 계셨다. 2학년 어느 날 출근하셨던 아빠는 퇴근하지 못하셨다. 직장에서 쓰러진 것이다. 과로사였다. 바로 위층에 외할머니께서 살고 계시고 이모가 무척 많아서 어두운 기색은 없었다. 나는 ‘아빠’라는 단어를 가급적 입 밖에 내지 않았다. 유민이는 발표할 때마다 아빠가 계신 것처럼 말했다. 유민이 엄마께서는 생활기록부 인적 사항을 바꾸고 싶어 하지 않으셨다. 몹시 사이좋은 부부였고, 매우 다정한 부자지간이었는데 그 대상이 순식간에 사라져버렸으니 상실감을 어떻게 메울 수 있을까?

늦봄을 즐기던 휴일, 장례식장에 모이라는 연락을 받았다. 검은색 옷을 입고 나갔다. 옆옆 반이었던 우진이였다. 여러 가족들끼리 함께 놀러갔다가 벌어진 물놀이 사고였다. 장례식장에는 고모가 맞아주셨다. 우진이는 공부 잘하고 온순한 아이였다. 우진이 동생은 형이 입원 중인 것으로 알고 있다고 한다. 영정사진을 보는 순간 눈물이 쏟아졌다. 어린 영혼을 위한 장례식은 처음이었다. 침울한 분위기에서 선생님들은 우진이의 담임 선생님을 위로했다.

2년 후, 학기가 시작된지 얼마 안 되어 우진이 담임이었던 후배가 교실에 왔다.

"선생님, 우진이 동생이 선생님 반에 있는 것 같아요. 연년생 동생이 있었잖아요. 얼굴이 닮았어요. 이름도 뒤 글자가 같잖아요."

"성진이가요? 올 발렌타인데이 때 태어난 남동생도 있던걸요?"

성진이는 키 크고 목소리도 컸다. 그 큰 목소리로 귀청이 떨어질 듯 이야기를 쏟아냈다. 이 수다쟁이 남학생을 어찌해야 하나 하면서 성진이의 4학년 선생님을 찾아갔다. 4학년 때 썼던 방법을 알려주시며

"효과가 있었는지 좀 덜 떠들긴 했어요. 그런데 우진이가 죽었을 때 동네사람들이 수군거렸대요. 데려갈 것이면 차라리 동생을 데려가지 하고."

나는 성진이가 떠드는 것을 가만히 내버려 두었다. 넘치는 에너지에 웃어 주었다. 전교회장이었던 영서는 "선생님은 우리 반에서 성진이를 제일 예뻐하세요."라는 말을 했다. 나는 그런 줄도 몰랐다.

2학기가 되었을 때 성진이 엄마께서 상담주간에 오셨다. 내가 우진이 장례식장에 다녀갔다는 사실을 모르기 때문에 형이 있었다는 사실은 언급하지 않으셨다. 넘치는 활기로 교실을 들었다 놨다 하는 성진이가 집에서는 방문을 굳게 사수한다고 한다. 아기인 동생을 안 쳐다본다고 한다. 엄마가 의도적으로 동생과 가까이 있게 만

들면 집 밖으로 나가 안 들어온다고 한다. 지금쯤은 동생이 많이 자랐을 텐데 아마 귀여워해주고 있겠지?

지후는 5학년 2학기에 전학을 왔는데 부적응 문제를 겪고 있었다. 6학년이 된지 며칠 되지 않은 점심시간에 수찬이와 크게 싸웠다. 지후는 당장 엄마한테 전화했다. 지후 엄마께서는 내게 전화해서 학교로 와서 수찬이를 만나겠다고 하셨다. 나는 지후 엄마를 만류한 후 싸운 두 아이를 불러 이야기를 들어 보았다. 수찬이가 지후를 놀려서 시작된 싸움이었다. 나는 지후의 전 담임 선생님을 찾아갔다. 그날 밤, 밤을 꼴딱 새우고 고민 고민하면서 지후 엄마께 긴 편지를 썼다. 지후의 특징, 부탁드릴 일, 담임 교사가 노력할 일 등등을 적었다. 다음 날 지후에게 밀봉된 편지를 주며 엄마 갖다 드리라고 했다. 계속해서 지후와 수찬이는 견원지간처럼 만나기만 하면 들러붙어 싸웠다. 나는 두 아이를 지키느라 업무회의도 빠졌다. 지후와 수찬이는 내가 많은 시간을 할애했던 학생이었다. 함께 앉아 얘기 듣고 얘기한 날들이 많았다. 수찬이는 한번 문 먹잇감은 입에서 놓지 않는 아이였다. 지후에 대한 혐오감을 집요하게 드러냈다. 조그마하고 밤톨처럼 단단하게 생긴데다 눈빛이 날카로웠다. 저학년 때부터 폭력성 때문에 동네에 소문이 나 있었다. 지후는 하루 종일 머리에 후드티를 뒤집어쓰고 있었다. 머리털을 털어 책상 위를 하얀 가루로 뒤덮기도 했다. 몇 시간 동안 옷에 있는 실밥을 찾아 가

위로 잘라 내고 있었다. 하루 종일 정신 사납게 만드는 행동을 했다. 그럴수록 수찬이는 지후에게 경멸의 눈길을 던졌다. '찐따!'라며.

지후는 엄마하고만 얘기했다. 전화기를 붙들고 있을 때가 많았다. 사라질 때도 있었다. 화장실에 숨어 있기도 하고 교문 밖으로 달아나기도 했다. 수학여행 가기 전에는 여행을 거부했다. 학교에서 부딪치는 아이들과 숙소에서 밤을 보낼 자신이 없다 하였다. 하루는 지후 엄마가 예고 없이 들이닥쳤다. 나는 저항 없이 수찬이를 지후 엄마 맞은편에 앉혔다. 대신 나는 수찬이 옆을 지켰다. 이후 지후 엄마와 둘이서 몇 시간을 마주 앉게 되었다. 나에게 엄청나게 서운하셨다고 한다. 아이에게 아무 관심도 없고 단지 학부모가 학교에 접근하는 것만 막기에 담임 교사를 통하지 않고 직접 해결하기로 했다고 한다. 학교에 있는 아이가 엄마한테 전화를 하게 해서 그때그때 달래거나 지시해 왔던 것이다. 나는 뭔가 이상하다는 느낌에 학기 초에 보냈던 편지 얘기를 꺼냈다. 편지는 전해지지 않았다. 지후가 중간에 내 편지를 처분해버렸던 것이다. (아빠가 매우 엄격하고 고지식하셨다.) 뒤늦게 편지 내용을 전해 드렸다. 지후 엄마는 내 손을 잡고 사과를 거듭하셨다.

수찬이가 지후에게서 관심을 돌린 것은 엉뚱한데서였다. 수찬이 엄마께서 임신 중임을 밝히며 눈물을 보이고 가신 지 몇 개월 후 수찬이에게 남동생이 생겼다. 담임 교사와 지후 엄마는 끝내 못해내던 일을 귀여운 아기가 해 냈다.

"선생님, 수찬이 동생이 입학하면 수찬이는 군대가야 해요!"

늦둥이 동생이 교실 안 화제로 올라오면 수찬이는 그저 웃기만 했다. 지후는 다시 원래 살던 곳으로 돌아가 그곳에서 중학교에 다니기로 했다. 바쁜 지후 엄마의 부탁으로 내가 그 지역 교육청 홈페이지에서 재배정 원서를 다운받아 작성해 드렸다.

얼마 전 고등학생이 된 수찬이를 만났다. 내가 살고 있는 아파트 엘리베이터 앞이었다. 눈빛이 부드럽고 표정도 편안했다. 몸도 홀쩍 자라 있었다. 민망하고 당황스런 상황에서의 만남이라 늦둥이 남동생 얘기를 못 물어보고 헤어졌다.


그날은 내가 속해 있는 교사동호회에서 하는 연주회가 있어 리허설 하러 조퇴를 신청했다. 점심시간에 "선생님, 현수가 다쳤어요! 이가 빠졌어요."하며 달려오는 아이가 있었다. 보건실로 뛰어가서 현수 얼굴을 본 순간 하늘이 무너졌다. 피투성이 입은 부어오르고 있었고 앞니는 텅 비어 있었다. 부모님께 연락하고 급히 치과로 보낸 후 나는 혹시나 해서 아이들과 빠진 이를 찾으러 갔다. 보이지 않았다. 축구하다가 다른 반 재민이의 머리랑 부딪쳤다고 한다. 두 아이가 공만 보고 달려 든 것이다. 현수는 체육하고는 거리가 멀었는데 왜 그런 격한 운동을 했나 모르겠다. 교감, 교장 선생님께 사고를 말씀드리러 갔다. 초조하게 치과 소식을 기다리며 학교안전공제회에 두 아이 간의 충돌사고로 신고를 했다. 나는 뒤늦게 초췌한 모습으로 연주회장에 가서 리허설 없이 바로 공연에 참석했다. 그날 이후 교장 선생님의 지시로 점심시간에 하는 축구는 금지되었다.

현수의 앞니는 영구치이다 보니 평생 동안 정기적으로 임플란트 시술을 받아야 한다고 했다. 지금은 어려서 틀니를 껴야 했다. 앞으로 들어갈 만만치 않은 비용문제로 긴 싸움이 시작되었다. 재민이 집은 형편이 어려웠다. 공제회에서는 수업시간에 발생한 일이 아니어서 보상비율이 낮아지며 치아는 첫 회 치료에 대해서만 보상을 해 준다고 했다. 현수의 부모님께서는 법적 대응을 생각하고 계셨다. 우연한 충돌이 아니라 재민이의 머리가 현수의 입을 가격한 쪽으로 방향을 잡길 원하셨다. 공제회 서류에 날인을 거부하셨다. 사고 개요를 수정하라는 것이다. 나는 공제회 측과 긴 시간 통화를 했다. 사고 개요 수정을 요구해 온 사례가 여태까지 없었다는 것이다. 공제회 관련 서류는 법적 증거물로 효력이 없다고 했다. 결국 나는 공제회 측에 경위서 비슷한 서류를 제출하고 나서 사고 개요를 수정할 수 있게 되었다. 당시 함께 있었던 아이들을 다시 불러다가 상세하게 묻고 또 물으며 현장 재연까지 했다. 내가 적은 내용이 맞는지 다시 확인하며 현수에게 동의를 구했다. 재민이 부모님이 부담하는 비용을 줄이는 선에서 합의가 이루어졌다. 몇 개월 후 다른 학교로 옮겼을 때에는 재민이 어머니의 전화를 받았다. 나는 버리지 않고 두었던 수첩을 꺼내서 질문에 대해 최대한 상세하게 설명해 드렸다.

치과 기술이 더 발달하여 현수가 큰 불편함 없이 살아갈 수 있기를 바란다. 현수의 앞니를 볼 때마다 현수의 부모님은 얼마나 마음이 아프실까.

이번에도 사고 얘기다. 가을 운동회가 벌어지는 운동장이었다. 그때는 전담 교사여서 옆에서 거들어 주는 정도의 역할을 했다. 6학년의 줄다리기 경기가 준비 중이었다. 두툼한 줄을 길게 늘어뜨렸다. 교사들 간에 신호가 오갔다. 잠깐만! 내가 줄 중간에 꼬인 매듭을 발견했을 때는 구령대에 있던 진행 교사의 징이 울려버린 후였다. 순식간에 줄은 팽팽하게 당겨졌고 곧이어 비명소리가 들렸다. 매듭 속에 현지의 손가락이 들어간 것이다. 경기는 중단되고 현지는 곧바로 응급실로 향했다. 수많은 눈들이 흙투성이 운동장을 훑으며 손가락을 찾았다. 찾아낸 손가락도 바로 응급실을 향해 뒤쫓아 갔다. 긴 기다림이 시작되었다. 현지가 아파할수록 담임 선생님 얼굴도 까맣게 타들어갔다. 전교직원이 치료비를 모았다. 손가락 신경이 이어지고 되살아나는 데에는 긴 시간이 필요했다.

나는 줄다리기를 할 때마다 꼬인 매듭이 없는지 살핀다. 면 코팅 장갑도 없이 줄을 당기게 하는 것은 반대다. 왜 조상님들은 이런 위험한 경기를 즐기셨을까?

# 힘이 되는 기억들

XXXXXXX

고학년들에게는 축구와 피구 리그전이라는 학교 행사가 있기 마련이다. 남학생들은 축구, 여학생들은 피구를 했다. 바쁜 3월이 끝나가고 리그전을 치를 준비를 협의하는 자리였다.

"승부에 대해 내기해요! 돈도 걸어요!"

종합우승을 차지할 반을 점찍는 것이다. 점찍은 학급의 실제 순위에 따라 내야 할 회비가 차등 적용되는 것이다. 1반은 체격 조건이 우수하고 2반은 잔머리에 능하고 3반은 축구클럽 출신이 있는데다 운동 잘하는 학생이 많았다. 스포츠클럽을 운영하기 때문에 7개 학급의 운동능력이 빤히 보일 수밖에 없다. 3반이 압도적으로 표를 받았고 그 다음이 1반이었다.

나만 우리 반에 한 표를 행사했다. 곧바로 놀림을 받았다.

"반 아이들을 너무 사랑하시는군요? 응원하는 마음으로 찍은 거죠?"

아무 말 없이 그냥 웃기만 했다. (그들은 내가 체육시간에 공을 들인다는 것을 모르고 있었다.)

리그전이 시작되고 한 경기 한 경기 끝날 때마다 게시판에는 승패 기록이 쌓여갔다. 몇몇 선생님들이 불안감을 느끼고 "바꾸면 안 되나요?" 했지만 부장 선생님은 "원본사수!"를 외쳤다.

우리 반에는 특출 나게 축구를 잘하는 남학생이 없었다. 운동능력이 별나게 뛰어나지도 않았다. 학기 초부터 있어왔던 (비밀)연습을 통해 친구들의 능력에 맞게 위치를 정했다. 팀워크가 만들어진 것이다. 점심시간에도 나는 아이들을 운동장으로 쫓아냈다. 우리 반과 경기를 치른 반들은 속수무책으로 무너졌다. 우리 반은 경기 도중에 공을 눈에서 놓치는 아이가 없었다. 공격수들은 운동장을 쉬지 않고 뛰었고 수비수들은 눈을 부릅뜨고 공을 걷어 냈다. 심판을 보는 선생님들의 감탄이 계속되었다. 여학생들의 피구도 마찬가지였다. 나는 대회가 시작되기 직전에는 남학생들을 연습상대로 삼았다. 남학생 대 여학생으로 나누어 경기를 하게 한 것이다.

"우리 반 남학생을 이기면 어떤 반을 만나더라도 적수가 되지 않는다!"

빠르고 거친 남학생들의 공에 단련되게 할 필요가 있었다. 남학생들도 기꺼이 연습도구가 되어 주었다. 말 그대로 피구경기에서 우리 반 여학생들의 적수는 없었다. 날아오는 공은 다 잡아버리고 물 샐틈 없는 패스를 주고받았다. 일찌감치 승패를 마무리 짓고는 운동장으로 나가 목이 터져라 축구를 응원하였다. 부모님들도 신이 나셨다. 한 아빠는 아이들을 모두 초대하여 치킨을 쏘셨다. 축구는 3반의 높은 벽을 넘지 못했다. 그럼에도 전승한 피구가 있기에 우리 반은 종합우승을 거머쥐었다. 나는 열심히 6학년 선생님들에게서 내기 벌금을 걷었다. 상당한 액수가 모였다. 돈을 내지 않은 사람은 나 밖에 없었다.

학교 뒤에 산이 있어서 봄이면 꽃 구름이 피어올랐다. 그날은 학년간담회가 있었다.

교장 선생님 : 학교에 바라는 것이 있으면 말해보세요.

나 : 학교 옆 산에 꽃이 예뻐요. 학생들이랑 꽃구경 다녀와도 될까요?

교장 선생님 : (빙긋이 웃는다.)

교감 선생님 : 기안 올리세요. '내 고장 향토체험' 뭐 이런 주제면 적당하겠네요.

나 : (혼잣말로) 기안은 무슨 ….

교실로 돌아간 나는

"옆 산에 꽃이 예쁘게 피었어요. 내일부터 비가 올 거라고 하니 오늘 우리는 꽃을 보러 가야 합니다."

학교에서 보내야 할 시간을 모두 마친 6학년 아이들은 나를 따라서 교문 밖으로 나왔다. 책가방 메고 신발주머니를 든 채로 개나리 꽃 터널을 지나 진달래꽃 산길을 지나 벚꽃이 등불처럼 환한 산책

로를 걸었다. 아이들의 얼굴이 꽃보다 더 환해졌다. 일제고사가 있던 시절의 6학년들은 아침활동 시간에도 시험공부, 점심시간에도 시험공부, 수업이 끝난 후에도 시험공부를 해야 했다. 그날 찍은 사진에는 '꽃길산책'이라는 이름을 붙여주었다.

4학년 선주는 새 학기 첫날, 가장 일찍 교실에 들어왔다. 선주는 우리 반에서 자신이 제일 작은 아이일 것이라고 말했다. 아이들이 모두 오고 나서 보니 그 말이 맞았다. 선주의 언니인 진주도 4학년 때 우리 반이었다. 덕분에 선주와 나는 이미 아는 사이였다. 선주는 언니랑은 판이하게 달랐다. 심지어 엄마의 태도도 달랐다. 진주의 엄마였을 때는 소심한 엄마였다. 진주가 집에 가서 학교에서 친구들과 있었던 일을 얘기하면서 울면 바로 내 전화벨이 울렸다. 선주의 엄마가 된 후에는 매우 쿨 하셨다. 전화는 물론 없었다. 나를 편안해 하며 신뢰하기까지 하셨다. 나는 선주의 거침없는 솔직함에서 상쾌함을 느꼈다.

내숭이 미덕인 여학생들의 속내를 해석하지 못해 끙끙거리는 것이 내 일이었는데 선주는 말과 표정과 마음이 같았다. 여학생들은 이런 선주를 외계인 보듯 할 때가 있었다. 대신 남학생들은 선주와 마음이 잘 맞았다. 선주가 들어있는 모둠은 어떤 활동을 해도 잘 되었다. 소외되고 인정받지 못하는 아이라도 선주와 짝이 되면 빛이 나기 시작했다. 선주는 누구에게서든 장점을 발견하고 끌어올려 주었다. 자신의 약점을 감추지 않고 드러내며 친구들에게 도움을 구했다. 입을 활짝 벌리며 크게 웃을 때마다 내 입도 함께 벌어졌다. 선주 앞에서는 무장해제가 될 수밖에 없었다. 아이돌 노래를 부르며 춤을 추는 선주는 7080노래도 즐겨했다. 남학생 단짝인 현무랑 어깨동무하고 다니며 옛날 노래를 불렀다. "선생님, 요즘 노래보다 옛날 노래가 더 좋아요." 가끔 내 허리를 안는 손길에 놀랄 때가 있었다. 선주의 스스럼없는 백허그였다. 선주를 5학년으로 올려 보내고 나는 다른 학교로 옮기게 되었다. 다행히 절친한 후배가 선주의 담임 교사가 되어서 아이들의 소식을 계속 들을 수 있었다. 선주가 많이 그립다. 선주를 보는 것만으로 행복한 느낌을 주는 시간을 가질 수 있었다. 내 인생의 멘토를 4학년 교실에서 만났다.

6학년을 데리고 수학여행으로 갔던 강원도에서 친구 다미를 만났다. 남편과 함께 밤에 숙소로 찾아왔다. 로비에서 잠깐 얘기 나누고 헤어졌다. 우리는 중학교 입학식에서 눈이 맞아 3년을 내리 붙어 지낸 단짝이었다. 목회자인 남편을 따라 강릉으로 떠나기 전에 만났던 것이 무려 13년 전이었다. 수학여행이 옛 친구를 만나게 해주다니! 이렇게 고마울 데가! 나중에 한가해지면 친구의 시골교회에 찾아가 볼 것이다.

교감 선생님의 부탁으로 녹색어머니회 운영을 맡게 되었다. 이 업무를 희망하는 사람이 없어서 매년 전입 교사에게 주어지던 일이었다. 학기가 시작되기 전에 나는 전년도에 활동하셨던 임원들을 만났다. 그분들의 의견에 따라 녹색어머니회를 조직하고 운영하였다. 그분들이 원하는 것 중 내가 할 수 있는 것은 모두 해 드렸다. 학교에는 몇 개의 학부모 봉사 단체가 있다. 그중에서도 가장 힘든 일이 교통안전지도이다. 아이들의 아침도 못 챙겨주고 일찍 나와야 한다. 매연 속에 40분 동안 서 있어야 한다. 아이들이 학교에 오는 날이면 덥거나, 춥거나, 비오거나 상관없이 길가에 서 있어야 한다. 일반 회원은 교통안전 봉사활동만 하지만 임원들은 하는 일이 한두 가지가 아니다. 대규모 교통안전 캠페인을 끝내고, 나는 쪽지와 함께 책을 한 권씩 준비해서 임원들께 보내 드렸다. 2학기가 끝날 무렵, 임원들 대상으로 감사장을 드리는 행사를 했다. 학교에서 작은 선물도 준비했다. 행사가 끝나고 교장실을 나오니 임원들이 복도에 서서 한 명씩 다가와 나를 안아 주셨다. 눈에 눈물이 담겨 있었다.

학기 초에는 학부모총회가 열린다. 낯선 학부모들을 모시고 긴장된 시간을 보냈다. 시간이 많이 흘러 마무리를 짓고 작별 인사를 했다. 배웅해 드리기 위해 교실 밖으로 나왔는데 웬걸 우리 반 복도가 인산인해를 이루고 있다. 작년 학부모이시다.

"총회에 온 김에 선생님 얼굴도 보고 가려고요!"

그렇게 해서 교실에는 2차 학부모총회가 열렸다. 학교에 온 김에 아이의 작년 담임 교사 얼굴을 보고 가고자 하셨던 그분들의 마음을 내내 잊을 수가 없다.

내가 학교 다닐 때 즐거웠던 기억을 꼽으라면 고등학교 수학여행이 생각난다. 학급 인원수가 많았던 때라 버스 정원을 넘어서게 되었다. 학교에서는 버스 한 대를 추가했다. 문제는 누가 그 버스에 타야 하는가이다. 반 친구들끼리 뭉쳐서 가는 여행에 도대체 어떤 학생을 떼어 내어 추가된 버스에 태운단 말인가? 담임 선생님께서 조심스러운 얼굴로

"10호차 버스에 탈사람?"

"저요!"

나는 손을 번쩍 들었다. 반가워하던 선생님의 표정이 순간 복잡해졌다. 나는 우리 반 반장이었다. 쉬는 시간이 되자마자 내 친구 순정이가 있는 반으로 뛰어갔다.

"야, 너도 10호차 타!"

순정이는 그 반 부반장이었다. 둘은 서로의 반을 버리고 10호차에 탔다. 한산한 10호차에는 게다가 남학생들이 많았다. 남녀공학이었지만 남학생과 여학생 반이 나뉘어 있었다. 수학여행은 천국이었다. 10호차 버스에는 다양한 사연을 들고 온 각 반의 희생양이 모였다. 어중이떠중이로 합쳐진 팀은 죽이 잘 맞았다. 단짝 친구가 옆에 앉아 있으니 세상에 부러울 게 없었다. 출발할 때는 감기 기운이

있어 컨디션이 좋지 않았다. 돌아올 때는 싹 나아 있었다. 우리 반 부반장은 졸지에 반장 역할을 해야 했다. 반을 버린 나를 대신하여 가는 곳마다 인원 점검하고 이것저것 챙겨야 했다. 부반장의 얼굴이 초췌해졌다. 수학여행을 마친 다음날,

"반장이 다른 버스로 가버리면 어떻게 해? 내가 죽는 줄 알았잖아!"

나는 웃음으로 미안함을 표현했다. 함께 10호차를 탔던 내 친구 순정이는 어느덧 나랑 30년 지기가 되었다.

# 교육 경력

학부모총회를 하는 날 담임 교사 소개를 할 때면 교육 경력은 어물쩍 하고 넘어갈 때가 있다. 얼굴 주름을 보면 연식이 어느 정도인지 짐작하겠지만 숫자만 듣고서 혹시나 기대할까 싶어서다.

'와우, 노하우가 상당하겠는 걸?'

아니다. 나는 평생 서툰 교사이다. 옆 반은 뭐하나 기웃거리고 다니는 '컨닝전문' 교사다. 새내기 교사를 보면 '나보다 낫네.'라는 생각이 든다.

6교시 수업을 끝내고 아이들과 작별 인사를 하며 떠들썩하게 집으로 보냈다. 첫 발령 받은 옆 반 선생님이 쫓아왔다.

"선생님, 수업 끝나려면 아직 10분 남지 않았어요?"

그렇다. 내가 착각하고 10분 일찍 끝낸 것이다. 왜 아이들은 단한 명도 내게 그 사실을 일깨워주지 않고 바람처럼 사라져버렸단 말인가? 집에 가는 길에 교장실 앞에서 떠들지 않았기만을 바랄 뿐이었다. 학교마다 교사의 출퇴근 시간과 수업 시종 시간이 다르다 보니 학교를 옮긴 해마다 내가 벌이는 해프닝이다. 나는 그 해에 옆 반 새내기 후배의 교실 문턱이 닳도록 드나들었다. 누가 보면 내가 신규발령 받은 것으로 보였을 것이다. 그래서 그런지 나는 후배 존경하는 마음으로 깍듯한 높임말을 쓴다. 후배들은 내 입에서 반말을 듣지 못한다.

나의 선배들은 학교 무용담으로 나를 홀릴 때가 많았다. 재미있는 에피소드가 끝없이 나오며 '애들 잡는 요령'도 곧잘 전수해 주었다. 늘 우러러보는 하늘같은 선배님이었다. 나의 후배들은 무척 똑똑하여 그런 도제교육을 필요로 하지 않는다. 오히려 나는 후배에게 의존한다.

학교에서는 서류에 경력을 기입해야 하는 경우가 많다. 그 숫자가 커질수록 왜 민망함이 더해가는 것일까?

# 불청객 방문

×××××××

내가 새내기였던 시절이다. 수업시간에 노크 소리가 들리더니 한 신사 분이 들어왔다. 내가 멀뚱멀뚱 하는 사이에 그분은 아이들에게 책을 홍보하고 구매신청서를 나누어 주었다. 얼마 후 교실 스피커에서 방송이 나왔다.

"학교 안에 책을 파는 잡상인이 교실을 돌고 있다고 합니다. 선생님들은 주의하기 바랍니다."

학교에는 하루 종일 많은 사람들이 드나든다. 학교의 특성상 방문객을 확인하거나 제한하기가 어렵다. 교장 선생님의 허락을 받았다며 막무가내로 밀고 들어오는 경우도 있었다. 최근에는 많이 줄어들었지만 정체불명의 방문증을 목에 걸고 교실 문을 두드리는 사람들이 여전히 있다. 학교는 영업의 목적으로도 쓰인다. 보험, 카드가 가장 많고 녹즙, 화장품 등등이 있다.

교사들은 하나 같이 '파인애플 장사'가 가장 무서웠다고 한다. 사라진지 오래 되었지만 파인애플에 칼을 꽂고 다니며 한 입 먹어보라던 아저씨가 있었다. 아이들이 떠난 교실 칸칸마다에는 단 한 명의 교사만이 남아 있기 마련인데 칼을 들고 들어오는 남자를 보고 기겁하지 않을 사람이 어디 있겠는가? 금융 상담을 하는 사람들은 몇 명씩 팀을 이뤄 다닐 때가 있다. 건장한 아저씨들이 들어서면 나는 깜짝 놀라 반사적으로 몸을 일으킨다. 구석진 교실을 쓸 때는 아이들이 돌아가고 나면 안에서 교실 문을 잠그기도 했다.

내 얼굴에 '거절에 약함'이라고 쓰여 있나 보다. 컴퓨터 자판을 두드리며 바쁜 척을 해도 소용없다. (사실 바쁘게 일하던 중이었다.) 아무리 손사래를 쳐도 소용없다. 통장 잔고가 없는 나에게 투자 상품을 설명해봐야 무슨 소용이란 말인가? '병들면 죽어야지.' 하는 나에게 보험약관을 왜 들이미는가? 체크카드 쓰고 있다고 하면 사은품을 눈앞에서 흔들며 화려한 신용카드 혜택을 줄줄이 뀐다. 나는 놀이공원이나 백화점 근처에도 안 간다고 말한다. 그러면 자신의 사정이 절박하니 카드만 만들고 잘라 버리라고 한다. 나는 결국 수첩을 들고 냅다 뒷문으로 도망친다. 얼마 후 교실로 돌아와 책상 위에 있는 명함이나 화장품 샘플을 치운다. 그분들이 학교에 오지 않고도 먹고 사는데 지장이 없었으면 좋겠다.

# 동 학년 선생님

×××××××

기피 학년을 만드는 것은 소문난 아이들만이 아니다. 특정 교사가 속해 있는 학년은 아무도 지원하지 않는 일이 생기기도 한다. 학교는 교장 선생님이 좌우하고 동 학년은 학년 부장 선생님이 좌우한다. 내가 좋아하는 학년 부장 선생님이 2학년에 내정되자 기를 쓰고 쫓아가서 생애 첫 저학년을 맡아본 적이 있다. 학교에서 떠도는 교사에 대한 평가는 동 학년을 해 봐야지 알 수 있다. 가족보다 더 많은 시간을 보내기도 하는 것이 같은 학년 동료들이다. 좋다고 소문이 자자한 교사는 가까이서 만나 봐도 좋은 사람이다. 나쁘다고 소문이 나 있는 교사들을 막상 동 학년으로 만나 함께 지내다 보면 소문과 다를 때가 있다. 선입견 때문에 손해만 봤다는 생각이 들기도 한다. 나는 동 학년을 해 보기 전까지는 소문은 소문일 뿐이라고 생각해버렸다.

예전에는 동 학년 교사들의 관계가 끈끈했다. 학교 밖에서 함께 보내는 시간이 많았다. 여행을 함께 가기도 했다. 7명의 교사가 방학을 맞아 4박 5일 일정으로 갔던 지리산이 가장 기억에 남는다. 제주도, 강원도, 일본 북해도를 다녀왔다. 10일 일정으로 있었던 유럽에서는 다른 여행객들의 질문을 받기도 했다.

"미혼이세요?"

"아닙니다. 다들 애 엄마, 애 아빠입니다."

"도대체 무슨 관계죠?"

"10년 전에 같이 일했던 직장 동료들입니다."

"엥?"

동 학년은 공동운명체다. 같은 학년 단위로 학교일이 돌아가기 때문이다. 동 학년을 할 기회가 없던 교사들끼리는 몇 년 동안 말 한마디 못 나누다가 헤어지기도 한다. 옆 반을 챙길 줄 알고 일이 생길 때마다 모두가 덤벼드는 동 학년이 최상이다. 이런 동 학년을 만나면 1년 동안 학년 협의실 안은 웃음바다를 이룬다. 서로 고충을 들어주고 위로하며 그날의 시름을 이겨낸다. 힘든 현재를 함께 보내는 동지들이다. 다른 학년이 된 후에도 여러 학교로 흩어지게 되어서도 소중한 인연을 계속 이어간다.

나는 일을 할 때 순위를 정해두고 한다. 학급일→학년일→학교일이다. 학급일은 누가 시키지 않아도 신나게 한다. 힘들지도 않다. 학교일은 기한이 닥치면 욕 안 얻어먹을 만큼만 한다. 공문 해결하느라 늦은 퇴근을 하면 온몸이 뻐근하다. 그러나 학년 부장 선생님이 업무지시를 전달하면 잽싸게 해결해서 제출한다. 회의가 있으면 미리 가서 기다린다. 동 학년 모임이나 회식은 빠진 적이 없다. 학년 협의실에 냉온정수기가 놓여 지기 전에는 일찍 출근하여 다른 선생님들이 커피나 차를 마실 물을 준비해 두었다. 분리수거할 것을 정리하여 내 보내고 쓰레기통을 비웠다. 퇴근길에는 협의실에 들러 컴퓨터 전원을 끄고 커피포트에 남아 있는 물을 비웠다. 10년 넘게 '우렁 각시'를 해 왔다. 뛰어난 업무능력이 없고 힘쓰는 일도 못하는 나는 동 학년에게 민폐를 끼치지 않고 싶다. 학교를 옮긴 후, 동 학년 모임을 하는 자리에서 후배가 말했다.

"언니가 가고 난 다음에 학년 협의실이 엉망이 되었어요. 선생님들이 분리수거를 그렇게 안 하는지 전에는 몰랐어요."

# 커피로부터의 해방

xxxxxxx

상담주간 풍경이다. 테이크아웃 커피 두 잔을 들고 교실을 들어서시는 학부모님.

"죄송하지만 저는 커피를 마시지 않습니다."

"어머나! 일부러 맛있는 집에 가서 뽑아온 건데…."

"학교에는 그냥 오셔야 합니다."

"빈손으로 오기 민망해서요."

현장학습 가는 버스에서는 아이들이 어김없이 커피를 내 민다.

"선생님, 엄마가 드리래요."

"고마워!"

하고서는 몰래 기사 아저씨께 건네 드린다.

점심시간이 되었다. 학부모 협찬 도시락을 먹었다. 날씨가 쌀쌀했다. 센스 있는 한 부모님께서 보온병에 커피를 담아 보내주셨다. 후배들은 커피를 따라 맛있게 나누어 마셨다. 그때 한 남자 후배가 버럭 소리를 질렀다.

"야, 지금 뭐하는 거야? 선배 먼저 따라 드려야지. 너희들부터 마시면 어떻게 해?"

"아니야, 2반 선생님은 커피 안 마셔."

안동이 고향인 그 남자 후배는 매우 머쓱해 했다. 나도 덩달아 미안했다.

사람이 모이는 자리에는 커피가 함께하기 마련이다. 매너 좋게 캔 커피 뚜껑을 따서 내 눈앞에 들이미는 사람이 있다.

"커피 안 마시는데요?"

"뭐야? 따기 전에 말했어야지."

"안 물어 봤잖아요!"

당연히 건네준 커피 때문에 무안해 하는 일과 미안해 하는 일이 반복되었다. 처음 만나는 자리에서는 외계인 혹은 미개인 취급을 당하고 익숙한 자리에서는 '아차, 커피 마시지 않지?'라는 소리를 들었다. 내게 버림받는 커피를 줄이기 위해 학기가 시작되는 첫날이면 학생들에게 '커피 안 마시는 사람'이라고 밝혔다. 그럼에도 줄다리기는 계속 되었다. 자신들도 가끔 마시는 커피를 계속 거절하는 내게 우리 반 아이들이 물었다.

"선생님은 커피를 왜 안 마셔요?"

"자유롭고 싶어서."

"엥?"

"커피가 나를 부르는 일이 없잖아. 커피 못 마셔서 불안해질 일도 없고."

자신을 거부한 대가로 나를 오랫동안 시달리게 하였던 커피는 접
근금지 명령을 받았다. '김영란법'이 참 고마운 경우다. 커피로부터
온전히 해방되었다.

# 시베리아와 찜통

×××××××

한 선배가 했던 말이다.

"스승의 날은 스승이 내복벗는 날이다."라고.

춘삼월 출근길에 우중충하고 두툼한 옷을 입고 있는 사람들은 교사일 가능성이 높다. 퇴근 후에 고등학교 친구들을 만나면 화사한 봄옷 사이에 나만 겨울옷을 입고 있다. 한여름에 나는 땀띠 날 지경인데 그들은 냉방병 걱정을 했다. 학교는 겨울이면 냉기에 등이 시리고 여름이면 훅 끼치는 열기가 비닐하우스이다. 단열의 사각지대에 학교가 있다. 방향이 좋지 않은 교실이 걸린 교사는 겨울 내내 골골하다. 냉난방은 진화를 거듭하여 시스템 냉난방이 갖춰졌다. 어마어마한 전기요금을 쓰는 대가로 머리 위 천장에서는 무차별적인 바람이 쏟아져 내려온다. 겨울이면 머리는 뜨겁고 발은 시리다. 여름이면 에어컨 바로 아래 있는 아이는 오돌 오돌 떨고, 구석진 곳에 앉은 아이는 부채질을 하고 있다.

"선생님, 머리 아파요! 눈도 아파요!"

그럴 때면 나는 난방기의 전원을 꺼 버린다. 창문을 자주 열고 궁여지책으로 전기주전자를 동원하기도 한다. 뚜껑을 열고 가열하면 세균 걱정 없는 가습기가 되어 준다. 초등학교 교실은 바닥 난방이었으면 좋겠다. 아이들은 수시로 교실 바닥을 뒹군다. 바닥이 따뜻해야 교실 안 공기도 훨씬 따뜻해지고 덜 건조하며 새 나가는 에너지 비용을 아낄 수 있다.

외환위기 당시 지어졌다는 학교는 교실과 교실 사이를 얇은 간이 벽이 가르고 있었다. 목소리 우렁찬 옆 반 선생님이 열심히 수업하는 중이다.

"선생님, 우리 반도 사회책 펼까요?"

"그러게. 다음에는 시간표를 1반과 똑같이 해볼까? 그럼 나는 가만히 있어도 되겠는 걸?"

내가 듣기에도 옆 반 선생님은 아주 재미있게 설명을 해 주었다. 방음 공사를 하고 나서야 옆 반 선생님의 목소리로부터 멀어질 수 있었다.

한 선생님이 아직 겨울인데 샌들을 신고 있다. 발가락을 다쳤나보다.

"어쩌다 다쳤어요?"

"교탁이 넘어졌거든요. 발톱이 빠졌어요. 그나마 학생이 다치지 않은 게 천만다행이지요."

요즘 바퀴달린 교탁을 사는 것이 유행이다. 나는 교실에 가서 바퀴달린 교탁을 구석으로 밀어붙였다. 다른 반 교실을 보니 다른 반도 그랬다. 저런 애물단지를 왜 사는 것일까?

교실에는 교구나 학습 준비물 등을 보관할 변변한 수납공간이 없다. 문 달린 넉넉한 수납공간에 넣어 두면 먼지 앉을 일 없고 보기에도 깔끔한 교실이 되지 않을까? 교과서를 넣기에도 빠듯한 아이들의 사물함 용량을 늘리는 것에 인심을 썼으면 좋겠다. 아이들이 긁히거나 다칠 수 있는 가구는 아예 들여 놓지 않았으면 한다. 교실 문은 미닫이문으로 하는 게 더 낫다. 사방을 휘젓고 다니는 아이들에게 학교는 너무 위험한 곳이다. 건물에 약간의 턱이 있으면 어느새 올라가거나 매달린다. 학교는 비교적 단순한 건축물에 속한다. 학교를 지을 때는 건물의 외양보다 보이지 않는 곳에 신경을 많이 썼으면 좋겠다.

# 전담 교사

×××××××

    초등학교에도 담임을 맡지 않고 교과만 가르치는 교과 전담 교사가 있다. 영어는 아무나 가르칠 수 있는 과목이 아니라 단골 전담 교과이다. 학교마다 사정은 다르다. 필요한 과목을 맡아줄 사람을 찾기 어렵거나 너무 몰려서 경쟁을 벌일 때도 있다. 중간에 산가를 써야 하거나 휴직을 전후한 교사들에게 전담을 주기도 한다. 학교 일로 너무 바쁘신 분(교무부장)에게 주기도 한다.

    나는 5년 가까운 전담 교사 경력을 갖고 있다. 시작은 나의 희망이 아니었다. 2학기에 맞추어 복직을 하니 남은 자리가 전담 교사밖에 없었다. 울며 겨자 먹기로 시작했으나 다음 해에는 내 스스로 교과 전담을 지망하였다. 담임하던 때보다 일이 20배가 줄어 든 느낌이었다. 수업만 하니까 시간 강사가 된 것 같았다. 내 업무 빼고는 다 남의 일이었다. 회의에 가더라도 나와 상관없는 내용이라 귀를 열 필요가 없었다. 천국의 날들이었다.

    각 교실을 돌며 수업을 하다 보니 교실마다 천차만별이었다. 교실에 들어가서 나올 때까지 웃게 만드는 반이 있고 들어가기조차 두려운 반도 있었다. 늘 깨끗하게 정리되어 있는 교실이 있는 반면 3월에 붙어 있던 학생 작품이 12월까지 그대로 붙어 있는 반도 있었다. 내가 책상 위를 치우고 먼지라도 좀 닦아야 앉을 수 있는 교실도 있었다. 담임 교사들이 쉬는 시간이면 학년 협의실에 모여 명품, 패션, 화장품 얘기에 열을 올렸으니 시간이 없어서 그렇다고는 말하기가 어렵겠다. 그 반 교실 환경을 보고, 그 반 아이들을 통해서 그 반 담임 교사를 다시 보게 되는 일이 생겼다. 생각지 못한 괴로움이었다. 그 속내를 다른 전담 교사에게 살짝 비쳤더니 빙그레 웃었다. 똑같은 생각을 하고 있었던 것이다.

다음 해에도 교과 전담을 뚫기 위해 노력하는 내게 한 선배가 물었다.

"왜 계속 전담을 하려고 하는 거야? 담임 수당도 무시할 수 없잖아? 1년 치를 합치면 상당한 액수인데."

"담임 맡으면 그 수당 보다 내 약값이 더 들걸요?"

나는 다시 담임 교사로 돌아왔다. 이것도 내 희망은 아니었다. 교과 전담을 차지하려는 사람들이 많은 해가 있다. 눈치 작전은 내 적성에 맞지 않다. 전담 선생님에게 교실을 내주어야 할 시간이 되면 나는 아이들 교과서가 책상 위에 준비되어 있는지를 확인한다. 시작종이 울리기 직전에 자리에 앉게 한다. 교사용 책상 위에는 아무

것도 없이 치워져있다. 칠판도 깨끗하다. 전담 선생님이 수업을 하려고 교실 문을 열고 들어오면 그때서야 나는 뒷문을 통해 나간다.

아이들은 전담 교과 선생님을 편하게 생각한다. 내가 수업할 때와 딴판인 아이들이 있다. 전담 선생님은 엄마한테 일러바치지 않아서 그런가보다. 전담 선생님한테 가끔 우리 반에 대해 물어 볼 때가 있다. 내가 모르는 아이의 모습을 새롭게 볼 때가 있다. 내가 모르는 우리 반 분위기에 대해 알게 될 때가 있다. 때로는 우리 반 아이들을 직접 만나고 있는 사람만이 할 수 있는 위로를 받기도 한다. 가끔 전담 선생님으로부터 듣는 말이다.

"선생님, 올해 정말 힘드시겠어요!"

# 교사의 옷차림

×××××××

발령받은 지 얼마 되지 않았을 때는 옷차림 때문에 교무실에 불려간 적이 몇 번 있었다.

나 : 교감 선생님, 저 부르셨어요?

교감 선생님 : 심선생, 학교에 잠옷을 입고 오면 어떻게 해?

내 원피스의 길이를 문제 삼은 것이다. 학교에서는 옷차림마저 보수적이었다. 교실에 냉방장치가 없던 시절에는 간소한 차림을 하고 일을 했다. 그러다가 교무실에 갈 일이 생기면 '교무실용 옷'을 장착하고 나섰다. 옷을 사러 가면 교감 선생님 기준에 맞게 골라야 했다. 소매가 달려 있고, 목이 많이 파이지 않고, 달라붙지 않고, 너무 짧지 않고, 눈에 띄게 화려하지 않은 옷을 골라오면 옷가게 직원은

"학교 선생님이시죠?"

"어머, 귀신인가 봐요."

교사는 옷도 맘대로 못 입는다며 툴툴거렸던 내가 어느덧 나이가

들었다. 어느 날부터 후배들의 옷차림이 눈에 거슬리기 시작했다.

'헉, 저렇게 짧은 옷을 입고 계단을 올라가면?'

'목이 깊이 파여서 허리를 숙이면 보이겠는 걸?'

'니트 원피스라니 과감한데?'

이런 생각이 들어도 내색은 할 수 없다. 나의 과거가 떠올랐다. 선배들도 속으로 나를 얼마나 참았을까?

교사의 옷차림에 대해 교무실에서 더 이상 이러쿵저러쿵 하지 않는 좋은 시절이 되었다. 나는 내 스스로 보수성을 고수했다. 교사는 지적노동, 육체노동, 감정노동을 겸해야 하는 복잡한 직업이다. 예쁜 옷보다는 활동에 지장을 주지 않는 옷이 최선이다. 옷이 편안해야 몸과 마음도 편안하다. 비칠까봐, 보일까봐 신경이 쓰이거나 움직일 때 걸리적거리는 옷은 대부분 의류수거함에 넣는다.

가만히 보면 학생들도 옷차림에 기준이 있나 보다. 고학년 교실로 갈수록 민소매나 치마를 찾아보기 어렵다. 남학생들은 한여름에도 짧은 반바지를 거의 입지 않는다. 그들 스스로 나이를 의식한다. 아이돌 그룹이 나타난 이후에는 점잖았던 고학년 옷차림이 확 뒤집어지게 되었다. 혹한기를 빼면 여학생들은 매우 짧은 반바지가 대세이다. 한여름이면 여학생 대부분이 핫팬츠를 입고 온다.

담임 선생님 : (남학생들에게) 너희는 여름인데 안 덥니?

남학생들 : (어리둥절해 한다.)

담임 선생님 : 여학생들은 다들 저렇게 헐벗고 있는데 너희는 짧

은 반바지 입은 사람이 아무도 없잖아?

　남학생1 : 옷가게에서 안 팔잖아요?

　담임 선생님 : 아하~ 이것도 성차별인가?

　내가 보기에는 옷가게에서 남학생용 핫팬츠를 판다 할지라도 그들은 사 입지 않을 것 같다. 짧은 길이의 옷은 시원함을 주는 대신 뒤따르는 제약이 의외로 많다. 아무데서 아무렇게 앉기 어렵고, 일광 화상을 입을 수 있고, 넘어지면 무릎부터 깨진다.

# 엄마 교사

집 방향이 같아서 몇 년 간 같이 다녔던 후배가 있다. 당시 차가 없던 후배에게 기꺼이 퇴근길 동반자가 되어 주었다. 어린이집에 맡기는 어린 아들이 있어서 비가 오는 날이나 아이가 아픈 날에는 함께 가서 아이를 찾아 올 때가 있었다. 가끔은 후배 따라 저녁거리를 사러 가기도 했다. 학교 근처에 있는 친환경 식품점에는 어린 아이들을 둔 후배 교사들이 단골고객이었다. 하루는 가게 사장님이

"아이 데리고 오는 선생님들은 많이 지쳐 보여요. 이 가게를 열기 전에는 나도 학교에 자주 가서 교실 청소해 주는 열혈 학부모였어요. 엄마들끼리 모이면 꼭 무리를 짓게 되잖아요? 아이 담임 선생님에 대해 이러쿵저러쿵 비판하고 이것저것 요구를 했어요. 그때는 교사도 엄마이고 집에 가면 살림에 육아까지 해야 하는 힘든 삶을 살고 있다는 생각을 미처 못 했어요."

여교사에게 가장 힘든 시기를 꼽으라고 한다면 어린 아이가 있는 때라고 할 것이다. 육아휴직을 충분히 쓸 수 있다거나 친정엄마 같

은 듬직한 지원군이 있지 않고서는 일과 함께 육아를 고스란히 떠안아야 한다. 아이가 한밤에 열이라도 나면 밤새 잠을 못자고 출근하거나 병원에 먼저 들러야 해서 출근이 늦어질 때가 있다. 퇴근 시간이 되면 어린이집 버스에서 내려주는 아이를 받아야 해서 부랴부랴 나가야 한다. 회식이라도 있는 날은 친정엄마 찬스를 쓰거나 남편이 일찍 귀가해야 한다. 아이를 돌봐 줄 인적 자원을 못 찾으면 아이를 데리고 회식자리에 참여해야 한다. 수학여행을 가게 될 경우는 진짜 문제가 커진다. 이틀 밤은 아이가 엄마 없이 자야 한다.

아이가 한 명인 선배 교사가 있었다. 동생이 없는 이유에 대해 이렇게 말했다.

"가끔 아이가 아플 때가 생겨. 병원에 데려가려면 조퇴를 해야 하잖아. 교감 선생님께 조퇴를 신청하면 거절당했어. 되지도 않는 이유로 조퇴를 한다고. 아이가 아플 때마다 실랑이를 벌이다가 결국은 지쳤어. 그래서 둘째는 낳지 않기로 했지."

그 아이가 자라 초등학생이 되었다. 출장 갔다가 그 교감 선생님을 만났다. 아이는 잘 크고 있냐고 물어왔다고 한다. "조퇴를 걸고 넘어지는 교감 선생님 덕분에 동생도 없이 혼자서 잘 크고 있다."고 대답했다고 한다. 내 선배들은 출산과 육아에 대한 서러운 기억이 많았다. 당시에는 출산휴가가 고작 한 달이었다. 임신한 교사에게 운동회 무용지도를 시키거나 방학동안 체육연수에 보내는 등 배려는 찾아볼 수가 없었다고 한다. 내 또래들도 학교 눈치를 보며 출산휴가나 휴직에 들어가곤 했다. 학사 일정에 최대한 피해가 덜 가도록 고려하였다. 저 출산이 사회적 문제가 되자 판도가 바뀌었다. 육아휴직을 하면 급여의 일부가 지급되었다. 출산휴가가 3개월로 늘어났다. 내 옆 반에서는 1년 동안 담임 교사가 세 번 바뀌는 일이 생겼다. 산전휴직 중인 담임 교사가 이어서 출산휴가에 들어가니 그때마다 기간제 교사가 왔다. 학기 중에 행여 유산이 되는 여교사가 있으면 관리자들은 죄인인양 어찌할 바를 몰라 했다.

인구문제와 상관없이 임산부들은 모두 배려 받아야 하고 아이들은 모두 귀한 존재들이다. 동료 교사나 내 아이의 담임 교사가 힘든 육아 중이라면 마음으로라도 힘을 실어 주었으면 좋겠다.

## 보건실의 힘

✕✕✕✕✕✕✕

5학년들은 보건실에 가서 보건수업을 받게 된다. 수업시간이 되어 아이들을 데리고 보건실에 가면 조용조용 재빨리 움직이며 정해진 자리에 가서 앉는다. 실내화도 신발장에 척척 정리한다. 교실과는 사뭇 다르다. 배가 아프다는 아이가 있어서

"보건실에 다녀와."

"안 갈래요."

"왜?"

"그냥 따뜻한 물이나 주실 걸요?"

여기저기서 덧붙이는 말이 들린다.

"배 아프다고 하면 화장실부터 다녀오래요."

"무서워서 가기 싫어요."

새 학년이 되자 보건 선생님이 바뀌었다. 대학병원 소아병동 중환자실에서 근무하다가 임용고시를 보고 학교로 오게 된 젊은 선생님이었다. 갑자기 보건실이 들썩들썩해졌다. 남학생들은 조금만

아파도 바로 1층으로 향했다. 그러면 몇 명이 부축해 준다는 구실로 무리지어 뒤를 쫓아갔다가 얼굴이 헤벌쭉 해져서 돌아왔다. 방과 후에도 1층은 북적북적했다. 집으로 가던 6학년 남학생들은 인사를 하러 보건실에 들렀다면서 나올 생각을 안 했다. 국어시간에 면담을 배우느라 과제를 주었더니 죄다 보건실에 쫓아가서 보건 선생님을 면담했다.

우락부락 욕쟁이 다혈질 남학생도 보건 선생님 앞에서는 방실거린다. 남자 선생님끼리 우스갯소리로 '장래에 제 마누라도 팰 놈'이라고 했던 아이다. 심지어 보건실 안에서 웃고 있는 남자 선생님들도 숱하게 목격되었다. 그전까지는 보건실에 드나드는 남자 선생님을 본 적이 없었다. 나도 그 보건 선생님이 무척 좋았다. 학교 행사 때 피아노 반주자가 필요해 사람을 물색하다 보니 보건 선생님이 선뜻 응해주었다. 나는 보건 선생님 팬들에게 '상냥하기까지 한데 피아노도 잘 친다.'고 알려 주었다. 함께 행사를 준비하면서 이런저런 이야기를 나누게 되었다. 중환자실에서 근무할 때는 안타깝고 슬픈 일을 많이 겪어야 했다고 한다. 생명이 가물거리는 아기들을 돌보다가 학교에 와서 건강하게 펄떡이는 아이들을 보니 참으로 예쁘다고 한다. 그 보건 선생님을 떠올릴 때면 따뜻함도 함께 따라 온다. 아이들의 마음까지 돌봐 주어 모든 학생들을 순한 양으로 만들어버린 고마운 사람이었다.

학교에 보건실이 있다는 것은 참 다행이다. 나는 힘들어 보이는 학생이 있으면 보건실에 가서 잠깐이라도 누워있게 한다. 아이들은 회복이 빨라 금방 생생해져서 교실로 귀환한다.

# 미세먼지 나쁨

×××××××

체육대회가 코앞으로 다가와 이어달리기 연습을 해야 했다. 미세먼지 수준이 '나쁨'단계라 걱정이 되었다. 스포츠 강사와 의논을 하며 일기예보 앱을 여러 개 비교해 보았다. 공기의 질이 조금씩 좋아지고 있다는 예보에 희망을 품고 학년 부장 선생님께 운동장에 나가겠다고 말씀드렸다. 아이들을 데리고 운동장으로 갔다. 트랙을 그리고, 바턴 주고받는 연습을 하려고 하는데 보건 선생님이 운동장으로 쫓아 나왔다.

"빨리 교실로 들어가세요!"

"연습만 잠깐 하고 들어갈게요."

잠시 후 보건 선생님의 연락을 받고 학년 부장 선생님도 운동장으로 쫓아 나왔다. 곧바로 철수했다. 실내에서 다른 활동으로 대체하였다.

매일 아침 교실에서는 학생들에게 미세먼지 현황을 알려 주고 있다. 점심시간에 운동장에서 놀고 있는 학생들이 있으면 방송을 하여 교실로 들여보낸다. 미세먼지가 심한 날은 창문을 열지 못하기 때문에 덥고 답답한 교실에서 버텨야 한다. 현장학습을 갔다가 미세먼지를 만난 날은 야외 프로그램은 취소하고 실내 활동만 해야 한다. 미세먼지가 봄철에만 생기다가 요즘은 가을철에도 나타난다. 전쟁만 무서운 줄 알았는데 달라진 기후 조건도 큰 위협이 되었다. 몇 년 전만 해도 학생들은 야외 활동을 금지시키는 것을 들은 척 만 척 하였다. 몰래 몰래 나가서 놀았으나 지금은 고분고분하다. 보이지 않는 것이 더 무섭다는 것을 알게 된 만큼 공기가 나빠진 것이다. 오염물질을 만드는 연료 사용을 줄여 아이들에게 매일 밖에서 놀아도 되는 깨끗한 공기를 만들어 주어야 한다. 모자란 전력량을 화력발전소나 원자력발전소를 지어 늘려야 할 것이 아니다. 전기 사용을 줄이고 새 나가는 전기부터 잡아야 한다. 텅 비어 있는 학교 옥상마다 아까운 태양에너지가 잠자고 있다. 나는 복도를 지나가다 빈 교실에 켜져 있는 전등이나 TV, 선풍기를 보면 들어가서 끄고 나온다. '우리 동네 대기질'이라는 앱을 확인하지 않아도 되는 날이 오기를 바란다.

## 교원성과급

×××××××

"지금까지 협의 된 성과급 지급 기준안에 대해 어떻게 생각하세요?"

"이 학교만의 특수한 상황을 인정해줘야지요."

"그러다가 선생님은 6학년 담임을 하면서도 전입 교사란 이유로 최하등급을 받게 됩니다."

"저런, 잔인하기도 하여라. 그들은 6학년을 그렇게 하찮게 여기면서 학년 맡을 때마다 6학년을 왜 죽어라고 피한대요?"

교원성과급 제도가 빨리 없어졌으면 좋겠다. 나는 내 등급에는 관심이 없으나 제출해야 할 서류를 작성하는 것이 꽤 귀찮다. 성과급 관련 기준안은 학교마다 자율적으로 정하며 매해 바뀐다. 작년 규정을 살펴보며 바꿀 필요가 있다고 생각되는 항목과 점수를 조정한다. 어느 곳이나 자기 논에 물대고 싶은 사람들이 있기 마련이다. 학년마다 자신이 속해 있는 학년의 점수를 높이려고 목소리를 키

우면 그때부터 끝없는 공방이 시작된다. 이빨 센 사람이 속해 있는 학년이 학교에서 생기는 자잘한 이익을 죄다 챙겨가는 우스운 일이 생긴다. 고생하는 특정한 누군가를 챙겨주려고 새로운 항목이라도 만들라치면 더 복잡해진다. 현재 속해 있는 학교의 기준안을 보니 본교 경력을 교묘한 항목으로 바꾸어 척도표를 만들어 놓았다. 성과급이란 그 해를 기준으로 주어지는 것이 아닌가? 돈으로 교사들을 분열시키겠다는 것이 아니라면 빨리 없애야 한다. 이렇게 말 많고, 시간 뺏기는 부작용을 낳고 있으면 빨리 손을 써야 할 것이 아닌가? 누군가의 싸구려 머리에서 나온 공약으로 제도 하나가 생겨나게 되면, 그 사람이 권력에서 사라져도 제도는 여전히 남아 있다.

# 기도

×××××××

　아침에 눈 뜨자마자 짧은 기도를 드린다. 오늘 하루, 아이들이 아프지 않고, 다치지 않고, 싸우지 않고 즐거운 하루를 보낼 수 있기를 기원한다. 특정한 학생을 위해 기도하기도 한다. 출근하여 교실 문을 들어서자마자 축복을 청하는 짧은 기도를 드린다. 또 퇴근하느라 교실 문을 닫기 전에 짧은 감사기도를 드린다. 내 기도의 주인공은 나의 학생들이다. 그런 나를 위해 가까이에서, 멀리서 매일 기도해 주는 사람들이 있다.

# 교사 친구

×××××××

대학 때 만났던 두 친구는 당연히 나와 직업이 같다. 방학이 되면 연중행사처럼 모인다. 소속되어 있는 교육청은 다르다. 한번은 영미가 일이 생겨 못 나오게 되어 진희랑 나랑 둘만 만나게 되었다. 늘 하던 대로 밥을 먹고 차를 마셨다. 진희는 허리가 아파서 오래 앉아 있지를 못했다. 나는 의자에 앉아 있고 진희는 선채로 이야기를 했다. 처음에는 허리가 조금 아팠다고 한다. 보건실에 누워 있다가 학년 부장 선생님의 강요로 학교 행사에 참가하게 되었다. 차에 실려 오가는 중에 허리에 무리가 와서 진짜로 아프게 되었다. 그 후로 허리통증이 수개월 동안 따라다니게 되어 하던 운동은 접고 걷기에 주력하게 되었다. 진희를 만나려면 음식점이나 커피숍이 아닌 산에 가야 했다. 봄이 되면 셋이서 둘레길을 걷기로 했다. 3월 어느 주말에 산에서 만나기로 했는데 약속을 지키지 못했다. 허리 아픈 진희는 몸살을 겪고 있고, 영미는 목 디스크로 추나 치료를 받아야 한다고 했다.

'3월 아니랄까봐 교사들이 아프구나!'

한 주가 지나니 몸살이 지나간 진희는 산에서 볼 수 있게 되었다. 등산객들로 넘치는 산길은 둘이 나란히 걸을 수 없다. 친구가 앞장 서고 내가 뒤따라 가면서 열심히 학교 얘기를 들었다. 잠시 쉬는 동안에도 나는 앉고 진희는 서 있었다. 막말 동료 교사, 개념 없는 신규 교사, 성과를 채가려는 극단적인 이기심으로 뭉친 몇 명의 보직 교사, 교장 선생님에게 잘 보이려고 과잉충성하다 친구의 허리까지 희생시킨 전 학년 부장 교사, 이상한 머리를 하고 나타났는데 아부하는 측근들에게 둘러 싸여 정말 그 머리가 자신에게 잘 어울리는 줄 알고 있다는 교장 선생님! 학교 안에서 벌어지는 교사들의 아옹다옹 잇속 챙기기 다툼과 무능한 교장 선생님의 모습이 머릿속에 그려졌다. 학교를 움직이는 중심 인물과는 친한 적이 없고, 학교가 어떻게 돌아가는지에 대해 무관심한 나에게도 참 한심스럽고 불합리하다는 생각이 들었다. 친구네 학교는 속앓이 하는 교사들로 넘치겠구나 싶었다. 학교는 여전히 전근대적이다.

그 다음 주에는 목의 통증이 좀 나아진 영미도 합류했다. 셋이서 한 줄로 등산로를 걸었다. 영미는 새로 옮긴 학교에서 교장 선생님과 전투를 치렀다. 공모제로 교장이 된 분이었다. 교장 선생님에 대한 나쁜 평판을 들었기에 익히 마음의 준비를 하고 갔다고 한다. 그럼에도 지나친 횡포에 스트레스를 받아 목 디스크가 도진 것이다. 중간 매개체 역할을 해야 하는 교감 선생님은 교장 선생님 비위를 건드리지 않으려고 전전긍긍하느라 아무 도움이 되지 않았다. 가장 힘든 것은 막 공사를 끝낸 특별실을 관리하며 상주하라는 요구였다. 자신의 수업과목이나 업무와는 아무 관련이 없는 곳이었다. 그곳에 있다 보니 여지없이 새집 증후군에 시달리게 되었다. 영미가 고통을 호소하며

"냄새가 심해서 창문을 열어 두는데 그러다 보니 너무 춥습니다. 이곳만이라도 따로 난방을 해주면 안 될까요?"

"학교 공사는 모두 친환경자재를 쓰기 때문에 유해할 것 없어요."

돌아오는 반응은 쌀쌀했다. 3월에 창문을 활짝 열어 두고 오돌오돌 떨어야 했다. 자신의 순수하지 못한 개인적 목적을 위해 교사를 희생시키는 관리자였다. 고압적인 태도로 영미를 일하기 싫어하는 교사로 몰았다. 그 와중에 상대방에게 비인격적일 수 있는 감정적인 말도 했다. 분노한 영미는 불합리한 업무 지시를 내리는 대화를 녹음한 후 전교조에 문의하였다. 답변을 통해 교장 선생님의 요구가 합법적이지 않다는 것과 교육청에 중재위원회가 있다는 것을 알게 되었다. 교장 선생님의 계속되는 압박에 이 친구가 전교조에서 보내 온 답변 내용을 밝혔다. 교장 선생님의 태도가 하루 아침에 싹 바뀌었다. 덕분에 고된 싸움은 막을 내렸으나 영미의 목 치료는 계속 이어졌다. 그 다음 주에 만나 속편을 들었다. 영미는 도서관 리모델링 공사를 추진하고 있었다. 도서관이 하필 교무실과 가까웠다. 공사로 인한 매캐한 냄새로 교무실은 창문을 열 수밖에 없

었다. 창문을 열어도 눈을 뜰 수가 없을 지경이었다. 교감 선생님은 괴로웠으나 교무실을 버리고 딴 곳으로 피신할 처지가 못 되었다. 영미는 앞으로 나타날 새집증후군의 여러 증상들을 예고해 주었다고 한다. 나의 반응은 이렇다.

"쌤통이다! 이왕이면 교장실도 도서관과 가까웠더라면 좋았을 텐데 아쉽다!"


　주말이면 내 몸은 천근만근 무겁다. 아침에 일어나 좀 움직이다가 번번이 침대로 되돌아가야 한다. 중고등학생 아이들을 돌보고 살림을 해야 하는 내 친구들도 주말이라고 편히 쉴 여유가 없다. 그럼에도 교사들끼리 모여 산길을 걷고 있다. 우리도 살아야 하니까! 만약 나의 교사 친구들이 승진을 염두에 두고 있거나 관리자의 길로 나갔다면 우리가 이렇게 만날 일이 있었을까? 화제가 달라질 수는 있을 것이다. 말 안 듣는 교사들에 대해서 고충을 토로하고 있으려나? 학부모 민원에 발발 떨면서 자신의 신상에 문제가 생길까봐 걱정하려나? 관리자들은 교사가 의견을 말하면 '귀마개를 했나?' 싶게 안 듣는다. 학부모가 항의 전화하면 '저리 무섭나?' 싶게 안절부절 못한다. 때로는 내가 학부모로 위장해서 학교로 전화하고 싶을 정도다. 학교가 학교의 기능을 제대로 하고 있다면 내 교사 친구들과 산에서 열을 올리는 대화를 나눌 일은 없었을 것이다. 둘레길 모임을 여러 번 가진 후에야 학교 얘기뿐 아니라 자잘한 일상사도 튀어 나오게 되었다. 뒤늦게나마 사는 얘기를 나누게 된 것이다. 아이 얘기, 남편 얘기, 시댁 얘기를 들을 수 있었다.

## 평생 동지

××××××××

고등학교를 졸업할 무렵에 학생 주임 선생님이 나와 친구들을 부르셨다.

"너희 세 명은 3년 동안 붙어 다니더라. 졸업한 후에도 만날 거지? 만날 때 나도 불러 주라. 계를 하나 만들자."

명희와 순정이는 고등학교 1학년 때 같은 반에서 만났다. 점심시간이면 함께 도시락을 먹었다. 순정이는 3년 내리 전교 1등이었다. 명희는 건강이 안 좋았다. 가끔 의식을 잃고 쓰러질 때가 있었다. 명희를 숙직실에 눕히고 옆을 지키는 것 말고 해줄 수 있는 일이 없었다. 명희는 병원검사를 받고 요양하는 동안 학교에 나오지 못했다. 유급 당할 위험에 처했을 때 명희는 친구들과 같은 학년에 있고 싶다는 의지를 밝혔다. 시험을 거르기도 했던 명희는 전교 꼴찌 성적으로 2학년이 되었다. 그 이후로 세 명이 다시 한반이 되지는 못했지만 졸업할 때까지 점심시간마다 도시락을 들고 모였다. 학생들은 도시락 들고 나타나는 다른 반 아이를 신기한 듯이 쳐다봤다. 일관

된 점심 모임을 보고서는 그러려니 했다. 명희의 어머니께서는 음식솜씨가 뛰어 났다. 딸의 도시락을 싸 주실 때마다 함께 먹는 친구들까지 생각하셨다. 고3때는 매일 보온병에 국을 싸 주셨다. 통학시간을 아끼기 위해 자취를 해야 했던 순정이와 나는 명희 어머니 덕분에 따뜻한 식사를 할 수 있었다. 명희의 생일이면 집에 초대하여 진수성찬을 준비해 주셨다. 그토록 배불리 먹어 본 적이 여태까지 없다. 명희는 건강문제로 수학여행을 가지 못했다. 순정이와 나는 둘만 재미있게 다녀왔던 수학여행이 참 미안하다. 명희는 대학을 졸업한 후 친구들이 있는 곳으로 합류했다. 명희의 부모님께서는 딸의 두 친구를 두고두고 고마워하신다. 친구가 있어 딸이 고등학교를 무사히 졸업했다고 여기신다. 나의 부모님은 명희 어머니께 두고두고 고마워하신다. 명희 어머니께 신세를 많이 졌다고 생각하신다. 나는 학생 주임 선생님의 부름을 받기 전에는 우리 셋이서 3년 동안 붙어 다녔다는 것을 몰랐다. 전교가 다 알고 있었다는데 당사자인 나는 왜 몰랐을까? 친한 줄도 모르고 친했던 세 사람은 여태 마음 상해 본 적이 없다. 셋이 모이면 얘기 나누느라 시간가는 줄 모른다. 지금은 명희가 가장 야무지다.

저학년 때는 아이의 학교생활에서 선생님이 차지하는 비중이 높다. 고학년으로 갈수록 친구 보러 학교에 온다. 남학생은 옆에서 걸리는 아무하고나 잘 논다. 여학생은 화장실에 갈 때도 단짝과 함께 간다. 심부름을 시키면 '아무개랑 같이 가면 안 돼요?'한다. 학기 초가 되면 여학생들은 불안한 눈빛으로 레이다를 가동하여 1년을 의지할 단짝을 구한다. 관계가 형성되고 나서 끼어들려면 이미 한발 늦었다. 종업식을 하는 날, 반 편성 결과를 알려주면 울음을 터트리는 아이가 있다. 반드시 여학생이다. 헤어짐에 울고불고 하더니 다음 학년이 되어 복도에서 만나면 새로운 단짝과 붙어 있다. 지난 단짝 소식을 물으면 대답을 피한다. 학교 안에서는 같은 반이 아니면 만나기가 쉽지 않다. 아이들은 해마다 친구 맺기를 한다. 두 명이 붙으면 서로를 독점하려 한다. 우정을 표징 할 수 있는 물건에 집착한다. 다른 아이가 둘 사이에 끼어드는 것을 견제한다. 세 명이 붙으면 곧 분열된다. 수가 더 많아지면 따돌림 문제가 생긴다. 전학하면 생이별을 해야 한다. 학부모들이 가장 궁금해 하는 것은 아이의 교우관계다. 교사가 개입하기 가장 힘든 부분도 학생들의 교우관계다. 아이들끼리 생기는 화학반응을 나더러 어떻게 하라고?

여학생들은 견고한 단짝을 만드는 것에 실패했을 때 다른 사람의 시선까지 의식하느라 더욱 위축된다. 요란하게 몰려다니는 아이들도 하나하나 들여다 보면 관계의 피곤함을 겪고 있다. 친한 친구가 딱히 없는 아이는 '맘에 드는 애가 없다.'라고 말한다. 간혹, 오는 아이 막지 않고 가는 아이 붙잡지 않는 아이가 있다. 그런 초연함을 가질 수 있다니 감탄스러울 따름이다. 아이들은 서로 지지고 볶으며 싸움과 화해를 반복한다. 나는 평소에 아이들에게 당부하는 한 가지가 있다. "뒷담화만 하지 않으면 돼."라고. 여럿이 있을 때는 누군가에게 귓속말 하는 행동도 조심하라고 한다.

친구는 인생의 평생 동지이다. 나는 아이들에게 친구의 중요성에 대해 얘기한다. 내가 누군가에게 좋은 사람이 되면 좋은 친구는 저절로 딸려올 수밖에 없다. 또한 〈혼자〉있는 시간을 두려워하지 않는 사람이 함께 하는 시간도 잘 보낼 수 있다고 말해준다.

# 방학

×××××××

일반 직장에 다니는 사람들은 말한다.

"너는 방학이 있어 좋겠다! 직장인 치고 너처럼 여행을 갈 수 있는 사람이 몇이나 되겠니?"

"맞아. 다만 머리가 벗겨지도록 덥거나, 살이 에이도록 추울 때 밖에 못가지. 그것도 성수기 요금으로. 이런 방학이 없으면 정신과 의사를 대폭 늘려야 할 걸?"

후배와 둘이서 유럽으로 16일간 패키지여행을 다녀 온 적이 있다. 여러 날을 함께 지내다 보니 여행팀의 직업이 드러날 수밖에 없었다. 교사 아니면 학생이었다. 교사가 공공의 적이 맞구나 싶었다. 신분이 모호한 한 무리의 아줌마 부대에게

"여기도 다들 선생님이세요?"하고 물었더니 머리를 강하게 흔들었다. 그런데 자신들끼리 조심스럽게 나누는 이야기를 들어 보니 온통 학교에서 쓰이는 전문용어였다.

나는 방학하면 부모님 뵙고, 여행가고, 친구 만나고, 병원진료를

받는다. 방학은 쏜살같이 지나간다. 한 가지 더, 연수를 빼 놓을 수 없다. 연수 받느라 방학이 아예 없던 적이 여러 번 있다. 출석 연수 아니면 온라인 연수라도 받아야 한다. 급식을 안 주니 결식 교사가 되는 것이 아쉬운 점이라고나 할까? 학교가 방학식하면 가정에서는 개학일 것이다. 아이들은 개학하면 두 가지 표정으로 나뉜다. 개학을 반기는 아이와 영원히 방학이었으면 싶어 하는 아이가 있다. 나는 개학이 가까워지면 아이들의 이름을 하나하나 읽어본다. 방학은 한 달이 채 못 된다. 그럼에도 개학날 아이의 얼굴을 보면 입에서 이름이 맴돌고 바로 나오지 않을 때가 있다.

　나는 방학을 이용하여 이글을 쓰고 있다. 학기 중에는 어림없는 일이다. 방학이 좋긴 좋다.

## 호칭

××××××××

한 후배가 교장 선생님과 통화하다가 옆에 있던 선배에게 야단
을 맞았다. '교장'을 빼고 선생님이란 호칭만 사용했다는 이유다. 졸
지에 교장 선생님을 그냥 선생님으로 격 떨어지게 했던 후배는 안
절부절 못하였다. 나이 먹은 교사를 부를 때 우대 차원에서 '부장
님'이라 할 때가 있다. 누군가 내게 낯간지럽게 그러한 호칭을 쓰면
"부장 근처에도 못 가봤어요. 그냥 2반 선생님라고 부르세요."

쇼핑센터에서 일하는 한 학부모와 통화하다가 "고객님!"이라고
부르는 바람에 둘 다 웃음보가 터졌다. 학부모 상담을 하던 중에 나
를 향해 "사모님!"이라고 해서 또 웃었다. 부동산 중개업을 하시는
분이었다.

한 아이가 내게 와서 뭔가 부탁하려고 부른다는 것이 "엄마!"였
다. 아이도 웃고 나도 웃었다.

"맞아. 나는 학교 엄마야."

급하게 나를 찾던 한 아이는 엉겁결에 "아줌마!"하고 불렀다. 그

아이는 방송 사고라도 낸 것처럼 입을 다물지 못했다. 다른 아이들은 그 아이를 향해 따가운 눈총을 날렸다.

"나 아줌마 맞아. 너희만한 딸이 있잖아."

수없이 들어왔던 선생님 혹은 쌤이란 호칭에서 아줌마라는 호칭으로 갈아타게 된다. 얼마 후에는 할머니라는 호칭에도 익숙해져야겠지.

# 회고록

×××××××

세 번째 학교로 옮겼던 해이다. 직전에 근무했던 학교에서 들려오는 소문이 있었다. 정년퇴임식을 앞두고 교장 선생님이 회고록을 냈다는 것이다. 책 속에는 한 학급에 대한 부정적인 언급이 들어 있었다. 누가 봐도 그 학급 담임 교사가 누군지는 알 수 있었다. 열악한 조건에도 불구하고 학교에 헌신해 왔던 그 교사는 매우 발끈했다. '명예훼손으로 고소할 것이다.' 라는 말까지 나왔다. 인기가 많아서 '분위기 메이커'로 통했던 선배였다. 모두가 그 교장 선생님을 힐난하는 중에 나는 문제가 되었던 그 교사의 교실을 떠올려보았다. 그 선배의 교실 문 앞에 설 때마다 기도가 저절로 나왔다. 2년 넘게 그 선배의 교실을 전담 교사로 드나드는 동안 수업을 제대로 했던 적은 단 한 시간도 없었다. 내가 들어가면 그 반 학생들은 책상 위를 날아다니고 있었다. 한참 기다리면 자리에 앉기는 했다. 그 후로는 학생들끼리 떠들었다. 홀로 수업을 하면서 끝 종이 울리기만 기다렸다. 12개의 학급 중 나머지 11개 반은 그런 문제가 없었다.

나를 더 좌절하게 했던 것은 문제의 그 반에서도 담임 교사와의 수업은 재미있게 잘 이루어진다는 것이다. 선배에게 "내 수업이 가능할 수 있도록 도와주세요."하니 "그것은 수업하는 교사의 역량에 달려 있는 것 아니야?"라는 반응이 돌아왔다. 내가 그 교실에 들어갈 시간이 되면 그는 이미 전산실에서 컴퓨터게임을 시작하고 있었다.

그로부터 10년 쯤 후에 회고록을 써서 고운 퇴임을 못했던 그 교장 선생님을 다시 만나게 되었다. 우리 반 교실에 외부 강사로 오신 것이다. 이런 특별 손님이 오시면 담임 교사들이 교장실로 내려가서 한 분씩 교실로 모시고 와야 한다. 나를 못 알아보시기에 나도 굳이 상기시켜드리지 않았다. 3년 후에 우리 교실에 또 오셨다. 이번에도 아이들에게 여전히 '교장 선생님'이라고 소개를 하셨다. 이미 아이들은 내게 작은 목소리로

"저 할아버지는 왜 오셨어요?"라고 물었다.


아이들 앞에서 나를 당혹스럽게 했던 전직 교장 선생님은 자신에 대해 열정적인 교육자라고 여길 수 있다. 한 가지 일에 대해서도 사람들마다 생각이 다르고, 말이 다르고, 기억이 다를 수 있다. 생각해 보니 나의 이런 글도 회고록에 속하는 것은 아닐까? 괜한 글을 써서 문제를 자초하는 것은 아닌지 겁이 난다. 누군가 명예훼손을 들먹이며 나를 협박하지 않기를 바란다.

# 나의 선생님

×××××××

**초등학교**

1학년 – 아이들을 부드럽게 대하셨다. 교실에 그림책을 가져다 놓고 읽게 하셨다. 1학년이 끝날 무렵 아이들이 한 명 한 명 나와서 인사를 하고 선생님은 이것을 녹음했다. 처음으로 듣는 녹음된 내 목소리가 낯설었다.

2학년 – 교감 선생님을 겸하셨다. 코나 귀를 잡아당기는 이상한 벌을 주셨다. 나머지는 매우 인자하셨다. 6학년 때, 지인을 만나러 우리 마을에 오신 적이 있다. 나를 몰라 볼 거라 생각해서 살짝 지나치려는데 '미야, 잘 지내니?'하며 웃어 주셨다.

3학년 – 음악적 소양이 뛰어났다. 온갖 악기를 능숙하게 다루셨다. 기악부를 만들어 오후 늦게까지 지도하셨다. 신아라는 한 학생에게만 관심을 주셨다. 6학년 때 우리 학교 기악부가 참여했던 예술경연대회에서 선생님을 다시 만났다. 인사를 드렸지만 그냥 지나치셨다. 신아마저 못 알아보셨다.

4학년 – 아버지의 학교 후배이며 큰오빠의 담임 선생님을 맡기도 했다. 학기 초에 나를 불러 큰오빠가 진학한 대학을 물어 보셨다. "심가야!" 하며 이름을 빼고 성만 사용해서 나를 부르셨다. 아버지께 "우리 선생님은 나를 싫어하나 봐요. 이름을 안 불러 주세요." 했더니 큰오빠 문제로 할머니와 선생님 사이에 갈등을 일으킨 일이 있었다고 한다.

5학년 – 내게만 온갖 일을 시키셨다. 그 일을 해내기 위해 하루 종일 바빴다. 학교에서 조금 떨어진 마을에 살고 계셨는데 가끔 선생님이 드실 점심 도시락을 가지러 가는 일을 했다. 실과시간이면 아이들은 넓은 꽃밭에 나와 풀을 뽑아야 했다. 내가 집에서 이런 일을 했더라면 우리 엄마가 엄청 기특해 하셨을 것이다. 나는 학생이기보다 선생님의 비서에 가까웠다. 그래도 선생님께 소외되는 것보다는 몸이 고단한 것이 더 나았다.

6학년 – 교대 졸업한지 얼마 되지 않은 젊은 여자 선생님이었다. 열심히 가르쳐주셨다. 쪽지시험을 많이 봤다. 남학생들을 귀여워하다가 나중에 그 남학생들이 무례하게 굴자 속상해 하셨다. 여학생들에게 말을 거는 일이 적었다. 고등학교 때 편지를 보냈더니 장문의 답장을 보내주셨다. 6학년 때의 서운함을 보상받은 느낌이 들었다.

**중학교**

1학년 – 수학 선생님이었다. 시험을 보고 나면 순위대로 자리를 정해 주셨다. 공부 못하는 시골학교 학생들을 한심하게 보셨다. 선생님을 실망시켜 드리기 싫어 시험을 잘 보았다.

2학년 – 음악 선생님이었다. 피아노 치며 노래하는 모습이 좋았다. 수학여행 동안 밤마다 댄스파티를 열어 주셨다. 선생님이 가장 신나게 춤을 추셨다.

3학년 – 가정 선생님이었다. 학생들을 자상하게 챙겨 주셨다. 부모님께 나를 대도시에 있는 고등학교에 진학시킬 것을 권했으나 부모님이 거절하셨다. 대학1학년 때, 선생님 댁이 학교에서 멀지 않다는 것을 알고 선생님을 뵙고 왔다.


**고등학교**

1학년 – 수학 선생님이었다. 화를 내거나 언성을 높인 적이 없었다. 재미있게 설명하려고 노력을 많이 하셨다. 수학 선생님이 아니었다면 우리는 친근한 사제지간이 되었을지 모른다.

2학년 – 놀랍게도 많고 많던 선생님 중에 1학년 때 선생님이 우리 반을 맡으셨다. 그 이유를 졸업한지 26년 만에 친구인 명희의 입을 통해 알게 되었다. 명희는 1학년 때 몸이 아파 결석을 많이 했다. 출석일수 때문에 유급될 위험에 처했다. 진급을 시킨다 해도 2학년 때는 학교에 잘 나올 수 있을지 모를 일이었다. 선생님이 나섰다. "제가 책임지고 명희를 2학년으로 데리고 올라가겠습니다." 명희와 같은 반이 되었던 나 역시 명희 담임 선생님이 바로 내 담임 선생님이 되었다. 명희는 아직까지 그 선생님과 연락을 주고받는다.

3학년 – 국어 선생님이었다. 대학을 지원할 때가 되자 선생님이 자신의 형님을 통해 교대 원서를 조달해 주셨다. 그때는 해당 대학에 가서 원서를 사 와야 했다. 내가 가려던 교대는 학교에서 아주 먼 곳에 있었다. 선생님은 내 결혼식에 와 주셨다. 지금은 교장 선생님이시다.


담임 선생님 말고도 기억에 남는 분들이 많이 계시다. 중학교 1학년 국어 선생님은 수업 중에 학생들과 직결된 학교재단의 비리를 말씀해 주셨다. 뭘 모르는 1학년들은 듣고도 멀뚱멀뚱했다. 뭘 좀 아는 3학년 남학생들이 일어났다. 학교 측에 항의를 하고 바로잡을 것을 요구한 것이다. 어느 날, 수업시간이 시작되었는데 어떤 선생님도 교실에 들어오지 않으셨다. 학생들에게 운동장으로 모이라는 방송이 나왔다. 전교생이 운동장으로 나갔다. 구령대에는 오직 학생주임 선생님 한 분만 나와 계셨다. 한 손에는 긴 막대가 들려있었다. 3학년 남학생 몇 명이 불려나갔다. 선생님은 그들을 엎드리게 한 후 다짜고짜 때리기 시작했다. 학생회장이 가장 많이 맞았다. 운동장에서는 어떤 움직임도 없고 숨소리조차 들리지 않았다. 그 후 국어 선생님은 학교에서 보이지 않았다. 가장 좋아했던 선생님을 잃었다.

고등학교 음악 선생님은 고3 남학생 반 담임을 맡으셨다. 예체능담당 선생님으로서는 이례적인 일이었다. 나는 고등학교를 졸업한 후에 다른 지방으로 옮겨가신 음악 선생님을 찾아 갔다. 선생님은 내게

"교사가 되면 첫걸음부터 잘 디뎌야 한다. 특히 촌지라는 유혹에 절대 넘어가지 마라. 월급만으로 충분히 삶을 누릴 수 있다."라는 말씀을 해 주셨다. 그 반 학생들은 나중에 장가갈 때 고3 담임 선생님을 주례사로 모셨다.

국어 선생님 한 분은 한겨레신문사가 운영에 어려움이 있다는 것을 알고 신문사에 큰돈을 보내셨다.

나를 가르치신 적은 없지만 작은언니의 고3 담임 선생님이었던 국어 선생님도 기억난다. 학교에서 여는 축제기간 중 문학행사에 참여하는 나를 지도하신 적이 있다. 학교에서 나와 마주치면 이런저런 말을 걸어오셨다. 대입원서 쓰는 시기가 다가오자

"미야, 나는 네가 국문학과에 갔으면 좋겠다."

선생님들은 내가 교사가 되어 그분들을 돌아보는 것에 대해 어떻게 생각하실까? 나쁜 기억을 준 몇 분의 선생님을 통해 나는 그러지 말아야겠다는 다짐을 숱하게 했다. 하지만 과연 생각대로 되

었을까? 철없는 나를 있는 그대로 보듬어 주셨던 많은 선생님들께 감사드린다. 만약 내 학생이 나처럼 그랬다면 발끈하여 내 뒷목을 잡았을 것이다. 세월이 지날수록 선생님들이 주셨던 사랑이 새록 새록 되살아난다. 이렇게나마 내 마음을 표현할 수 있어서 참 좋다.

나를 거쳐 갔던 학생들은 어떤 기억을 갖고 있을까?

# 종업식

×××××××

1년을 보내고 아이들을 보내야 하는 시간이 다가온다. 눈빛만 봐도 무슨 얘기를 하려는지 알 수 있게 될 쯤이면 헤어질 때가 된 것이다. 아이들에게 기억에 남을 멋진 말을 해 주면 좋으련만 나는 말이 짧다. 아이들에게 1년 동안 고맙고 미안했다는 말을 한다. 그리고

"내가 가장 하고 싶은 말은 선생님을 빨리 잊어달라는 거예요."

"왜요?"

"빨리 잊는다는 것은 나쁜 기억이 많지 않다는 겁니다."

나는 아이들에게 빨리 잊히는 선생님이 되고 싶다.

종업식을 하는 날이면 아이들의 관심은 오직 통지표에 가 있다. 통지표에는 다음 학년 반이 적혀 있기 때문이다. 끝 종이 나면 인사도 잊은 채 튀어 나간다. 다른 반 친구에게 몇 반인지 물어 보기 위해서 복도는 시끌벅적해진다. 그런 아이들을 위해 나는 종업식이 있기 며칠 전에 헤어지는 인사를 한다.

# 퇴직 이후

한때는 학생으로서 지금은 교사로서 꽤 긴 시간을 학교에서 보냈다. 학교라는 온실 밖은 어떨까? 새로운 옷은 몸에 잘 맞을까? 내가 하는 유일한 퇴직 준비는 '돈 안 쓰는 연습'을 하는 것이다. 월급 대신 가난한 자유를 선택했으니까. 학교를 그만두면 정말 굶어죽게 될까? 학교를 안 나가면 몸이 아프지 않을 테니 약값은 덜 들 것 같다. 할머니가 되어 있을 쯤에는 약간의 연금이 나올 것이다. 그 전까지는 남의 밭일을 해 주면 품삯을 조금이라도 받을 수 있겠지? 일이 능숙해지면 조금 더 받을 수 있을 것이다. 과수원 일을 도와주면 과일은 얻어먹을 수 있지 않을까? 나는 귀촌을 생각 중이다. 계절의 변화를 사람들의 옷차림이 아닌 자연 속에서 느끼고 싶다.

3월은 학교가 미치도록 정신없이 돌아가는 극성수기이다. 어느 날 오후, 일에 지쳐 잠시 창가에 앉아 쉬었다. 등에 내려앉은 봄 햇살이 따뜻했다. 무엇이 나를 행복하게 할 수 있을까? 머릿속에 감자를 캐는 장면이 떠올랐다. 보드라운 흙이 손에 만져지는 순간 나도 모르게 미소를 지었다. 답은 '흙'이었다. 인생은 짧은 순간에 결정되기도 한다.

컴퓨터 화면 대신 하늘을 보고 싶다. 분필 대신 호미를 잡고 싶다. 머리가 아닌 몸을 쓰고 싶다. 내게 필요한 것은 텃밭이다.

xxxxxxxx

이 글은 대도시 한 지역에 국한된 초등학교 이야기라는 것에 한계가 있다. 누가 읽느냐에 따라 생각이 다를 것이다. 교사가 읽는다면 얼마만큼 공감을 할지 궁금하다.

이 책의 독자가 학부모라면 학교에 대한 팁을 조금 얻을 수 있을 것이다. 덤으로 교사에 대한 고충을 이해해 준다면 더할 나위 없겠다. 학교와 학부모는 아이라는 같은 목표를 위해 서로 손을 잡는 것이 가장 이상적이다.

관리자나 교육행정가라면 '네가 해봐라. 그런 소리가 나오는지.' 할 것이다.

예비 초등교사가 읽는다면 약간의 직업 탐색이 될 수 있을 것이다. 왜냐하면 교대에서는 이런 거 안 가르쳐 주니까.

이 글을 쓰는 데 많은 시간이 필요하지는 않았다. 자료도 없었다. 머릿속 생각을 글로 바꿨을 뿐이다. 부끄러움을 무릅쓰고 어렵게 시작했으나 자꾸 의구심에 붙들리는 것이 힘들었다. 그만둘까하는 생각을 거듭 했다. 내가 하는 이 일이 주관적이기 짝이 없는 기억들을 짜깁기 하는 것에 불과했기 때문이다. 내키는 대로 쓰던 습관 때문에 다듬어지지 않은 글 솜씨가 곧바로 본색을 드러냈다. '이런 글을 누가 읽는단 말인가?'라는 생각이 들면서 스스로에게 계속 써야 하는지를 물었다. 남루한 내 삶을, 모르는 사람들에게 내 보일 자신도 없었다. '시작했으니 끝까지 가 봐야지.' 하는 마음으로 다시 컴퓨터 앞에 앉았다. 누군가는 글 사이사이에 들어있는 나의 메시지를 찾아낼 지도 모른다는 생각을 하면서. 글쓰기에 도움이 될까 싶어 에세이스쿨에 가 봤다. 내 글보다 강사가 첨삭한 글이 더 길었다. '나 같은 사람이 있어야 작가들도 밥 먹고 살지.'

다른 교사들보다 다소 일찍 학교를 떠날 생각을 갖고 있다 보니 무엇이 나를 그토록 힘들게 하였는지 곰곰이 돌아보게 되었다. 제대로 하지도 못했으면서 왜 도망치려고 했을까?

나는 눈에 띄는 일 없이 오랫동안 교실 안에 숨어 살았다. 아웃사이더이다 보니 멀찌감치 떨어져 관찰자의 시선으로 학교를 보게 되었나 보다. 학교는 교육이라는 명목 아래 교육 가까이에도 못 가는 일을 너무 많이 하고 있었다. 학교 밖에 있는 사람이 학교를 제멋대로 규정하는 것도 이해되지 않았다. 교사가 중노동에 시달린다는 것은 학교 안에 있는 교사밖에 모른다. 그것도 머리와 몸 그리고 마음까지 혹사당하는 복합 노동이다. 교실과 상관없는 학교 업무를 줄여주고 그에 비례해서 내 월급을 깎기를 바랐다. 무의미한 잡무를 하느라 시간과 에너지를 써서 정작 수업은 허겁지겁 준비해야 했다. 내가 무엇 하는 사람인가 싶었다. 비록 무능할지라도 〈교사〉

로서의 존재가치를 잃고 싶지 않았다. 출근 시간은 앞당기고 퇴근 시간은 미뤄졌다. 그럼에도 늘 시간에 쫓겨서 마음이 다급해진다. 조바심에 아이들을 다그칠 때가 있었다. 지쳐서 짜증이 올라올 때가 있었다. 그러다 보면 '이게 뭐하는 짓인가? 왜 애꿎은 아이들한테 이러는 거야?' 내 자신이 한심스러워 하루 종일 찜찜한 기분에서 헤어 날 수 없었다. 자책하느라 내 자신을 소진시키는 이런 악순환을 멈추고 싶었다. 강철 체력과 고래심줄 같은 멘탈을 가진 자만 교사가 되어야 하는 것일까?

학교는 사람을 들볶아서 실적을 뽑아내는 영업소가 아니다. 교실이라는 독립된 작은 공간에서 교사들의 눈은 항상 아이들을 향해 있어야 한다. 아이들은 해마다 다른 선생님을 만나 다른 경험을 하게 된다. 그 선생님만이 갖고 있는 것이 아이들에게 최대한 많이 갈 수 있어야 한다. 목을 매고 열심히 붙들고 있는 학교일들이 교사가 아이들에게 가는 것을 방해하고 있다. 중요한 것에 집중하려면 잡다한 것들은 가지치기를 해야 한다. 학생들에게 큰 지장이 없다면 많은 것들을 없애버리자. 학교가 단순해지면 교실이 다양해진다.

최근에는 교사들이 연대하여 새로운 움직임을 만들어 내고 있다. 이 현상이 무척 반갑다. 그전에는 위로부터 내려오는 지시를 듣고 마지못해 해 내던 것을 당연하게 생각했다. 지금은 교육 현장에서 교사들에 의해 새로운 교육철학이 세워지고 있다. 나와는 다르게 용기 있는 교사들에게 박수를 보낸다. 내가 퇴장함으로써 신규 교사 한 명이 빈자리를 채우게 될 것이다. 힘든 경쟁을 뚫고 정규직에 안착한 후배 교사에게 축하를 보낸다. 어린 생명들이 뿜어내는 생기 속에서 매일매일 에너지를 충전할 수 있길 바란다.

나는 이번이 마지막 학기가 될지도 모른다는 생각으로 지내고 있다. 그것은 왠지 하루하루를 더 소중히 여기게 만든다. 여전히 일찍 출근하여 아이들을 맞아준다. 말 들어주기를 넘어서서 아이들에게 틈틈이 말 걸기를 한다. 학교폭력이 생기면 피해를 받은 아이와 피해를 준 아이 둘 다 얘기 들어주고 안아준다. 속을 들여다 보면 힘들지 않은 아이들이 없다. 내년이 되면 아이들은 중학교 교복을 입고 6학년 때 선생님을 찾아 올 것이다. 혹시 나를 만나지 못하고 되돌아 갈수도 있다. 그것이 참 미안하다. 나 같은 교사도 학교 안에서 행복하게 지내며 아이들 곁을 오래 지킬 수 있는 날이 오기를 바란다.


어렸을 때, 어른이 되면 자서전 한 권을 쓰고 싶었다. 이름 한 번 들어본 적 없던 사람이 쓴 책을 읽고 나서였다. 그전까지 자서전이라고 하면 나를 주눅 들게 하는 사람들 이야기였기에 그 책은 더 새롭게 다가왔다. 내가 만나 본 적이 없는 사람의 글을 타고 건너가서 만나고 온 느낌이었다. 그가 했던 생각, 그가 가졌던 느낌을 고스란히 담고 그의 삶을 옆에서 함께 걸어간 것 같았다. 나이가 들어 할일없어 심심해지면 내 일기장들을 읽어 봐야지 했다. 그러다가 나도 글을 통해 누군가에게 건너가야겠다는 생각을 했다.

이러한 내 꿈은 오래전에 한강물에 쓸려간 일기장들과 함께 떠내려가 버렸다. 이 글을 쓰다 보니 학교 이야기를 빙자한 자서전이 아닌가 싶다. 그렇다면 내 일기장들을 내다 버렸던 그 사람을 이제는 용서해야겠다.